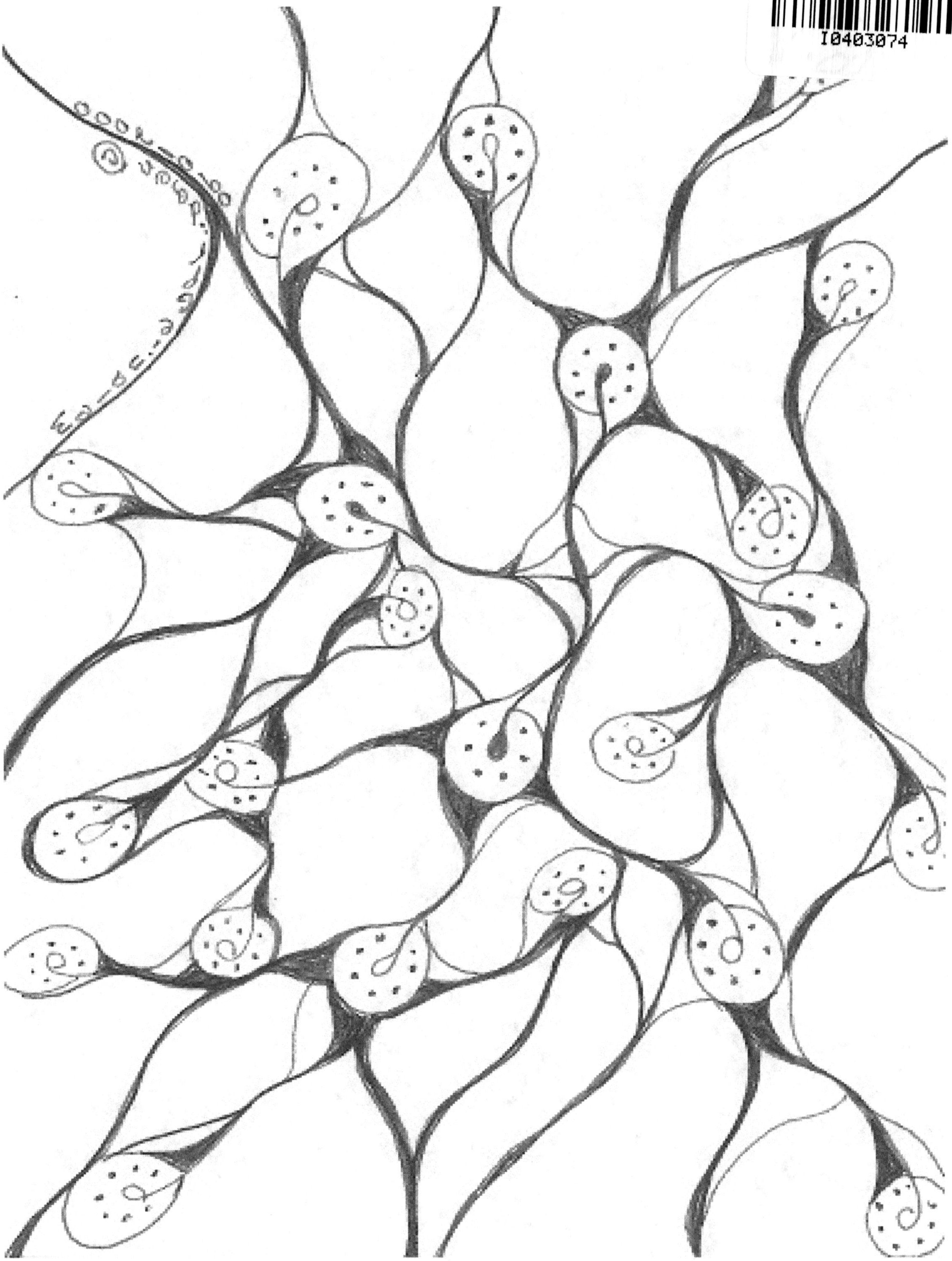

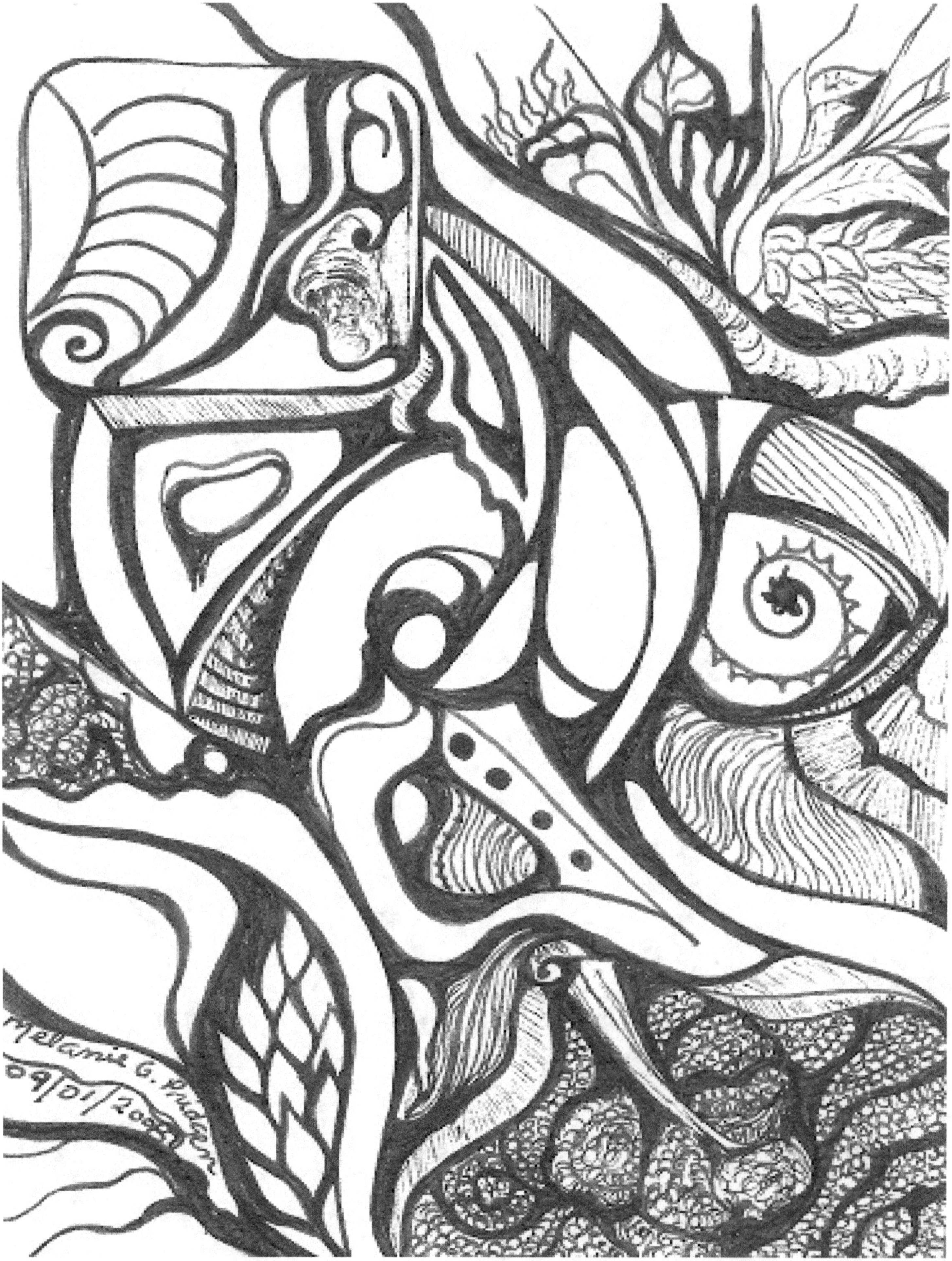

Melanie G.

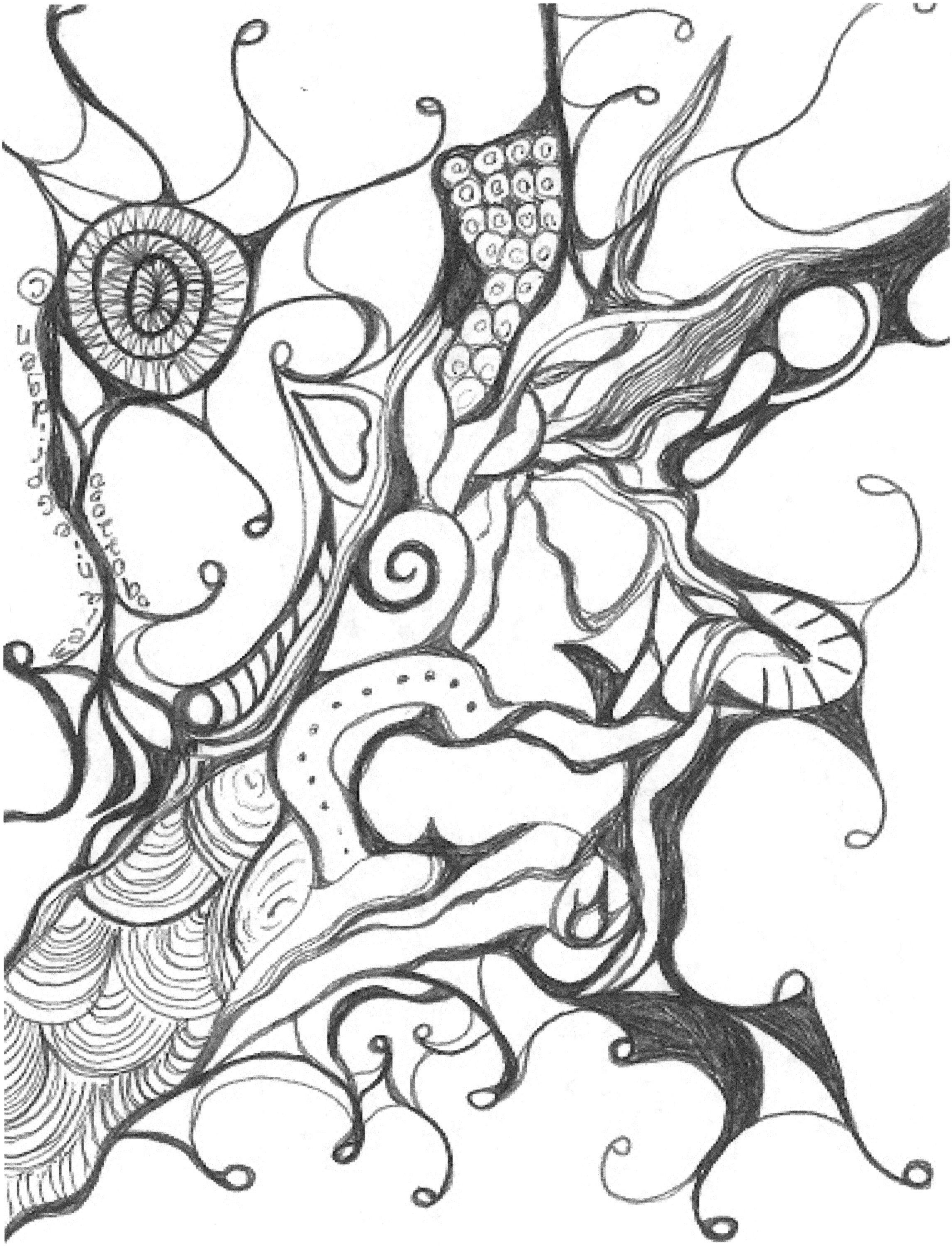

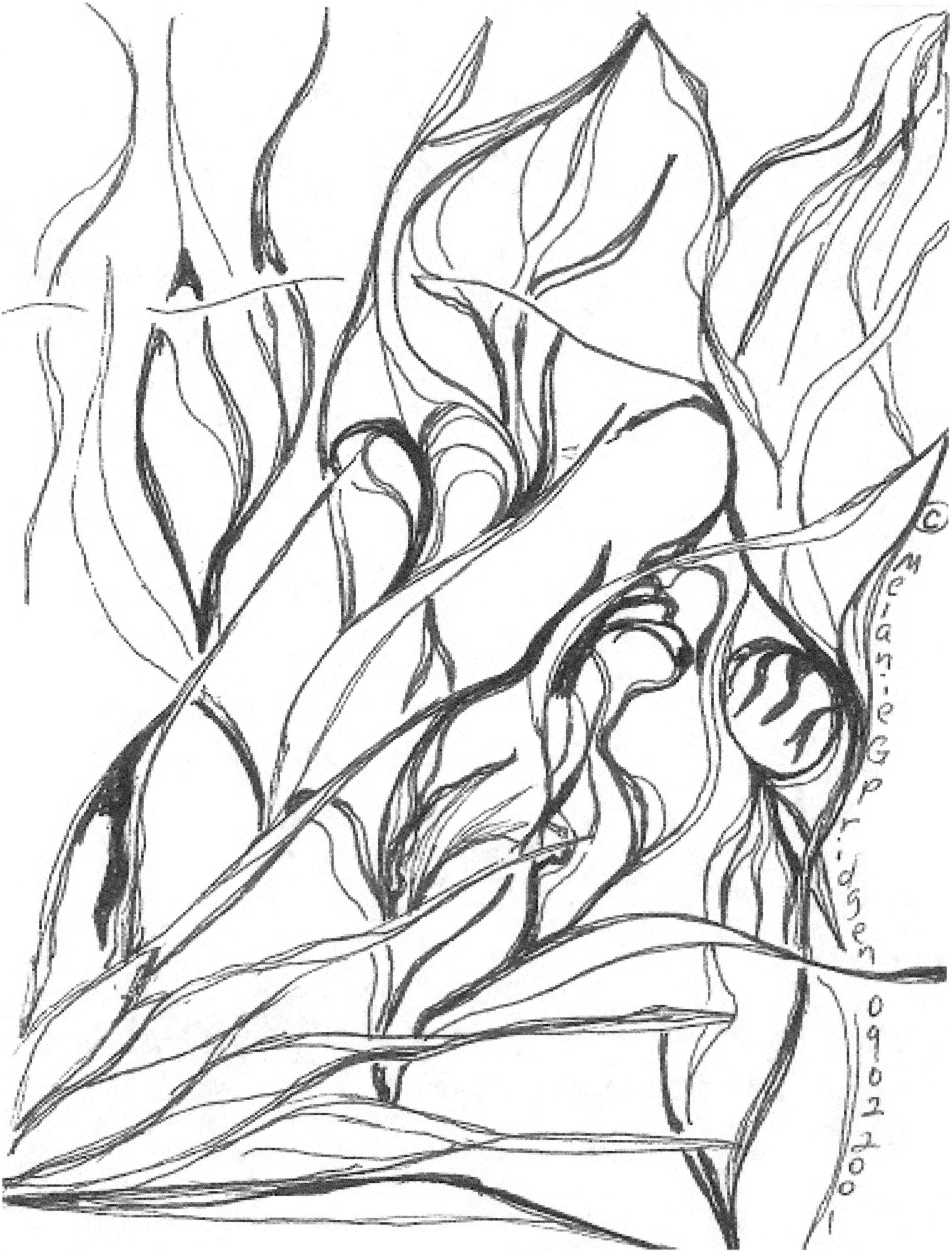

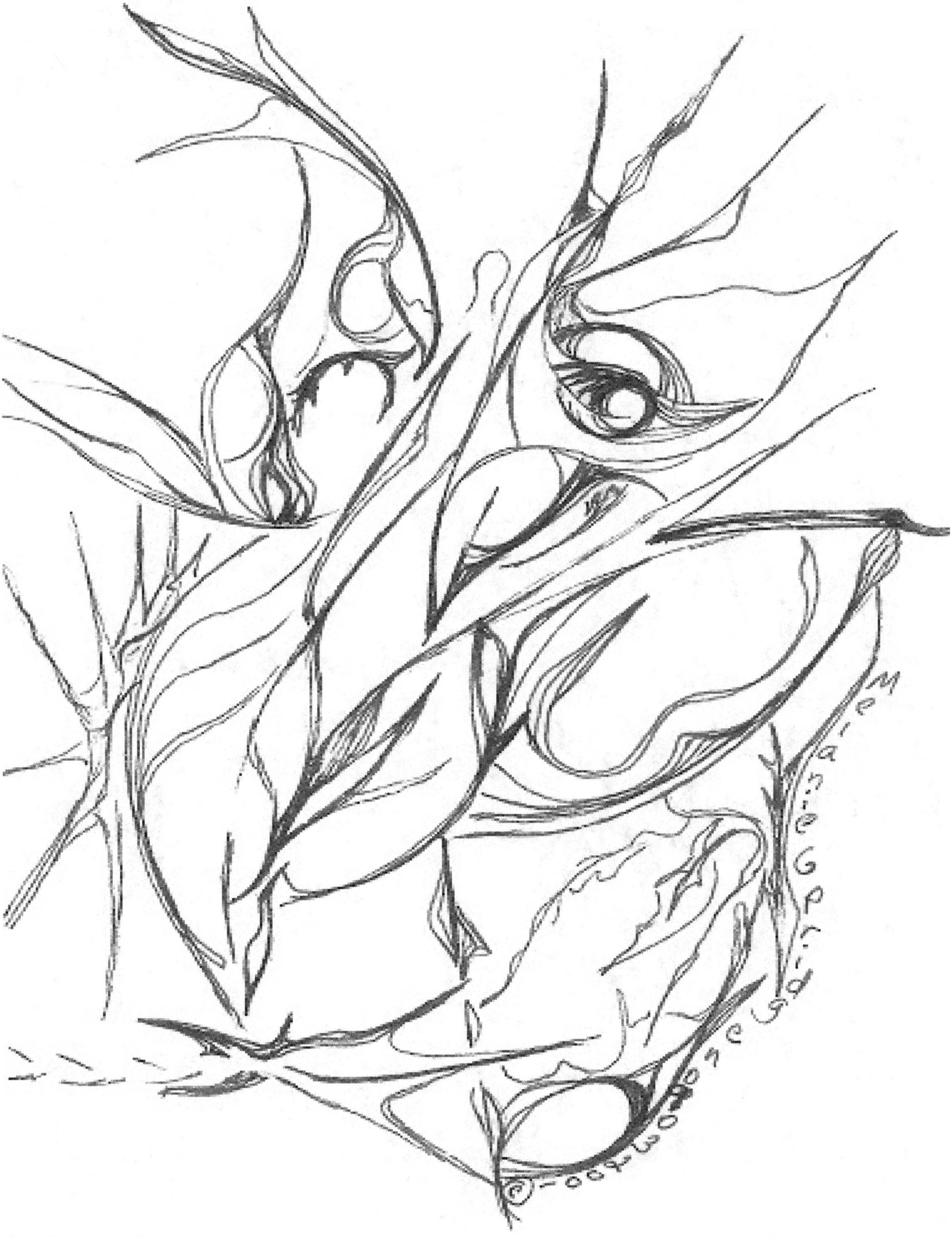

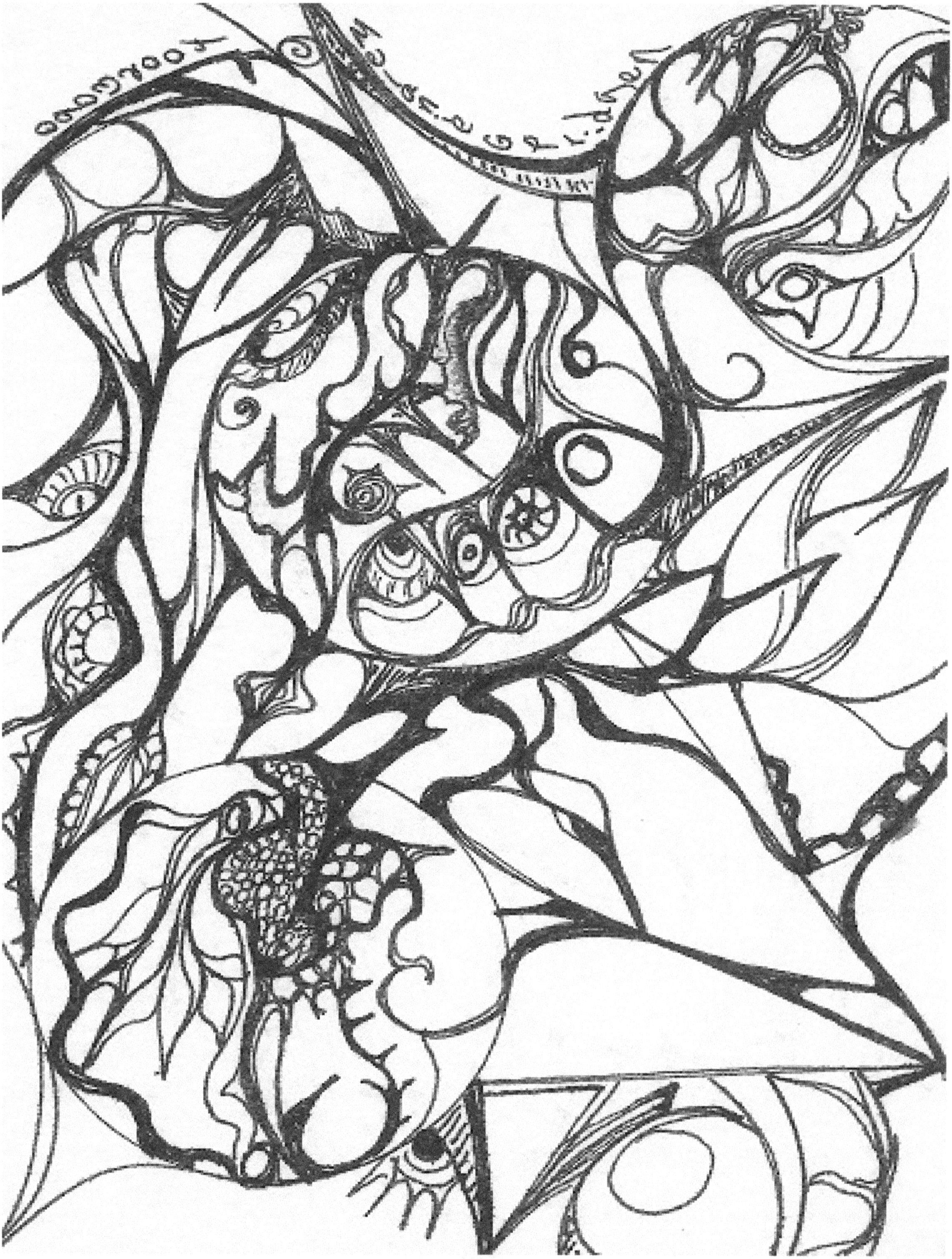

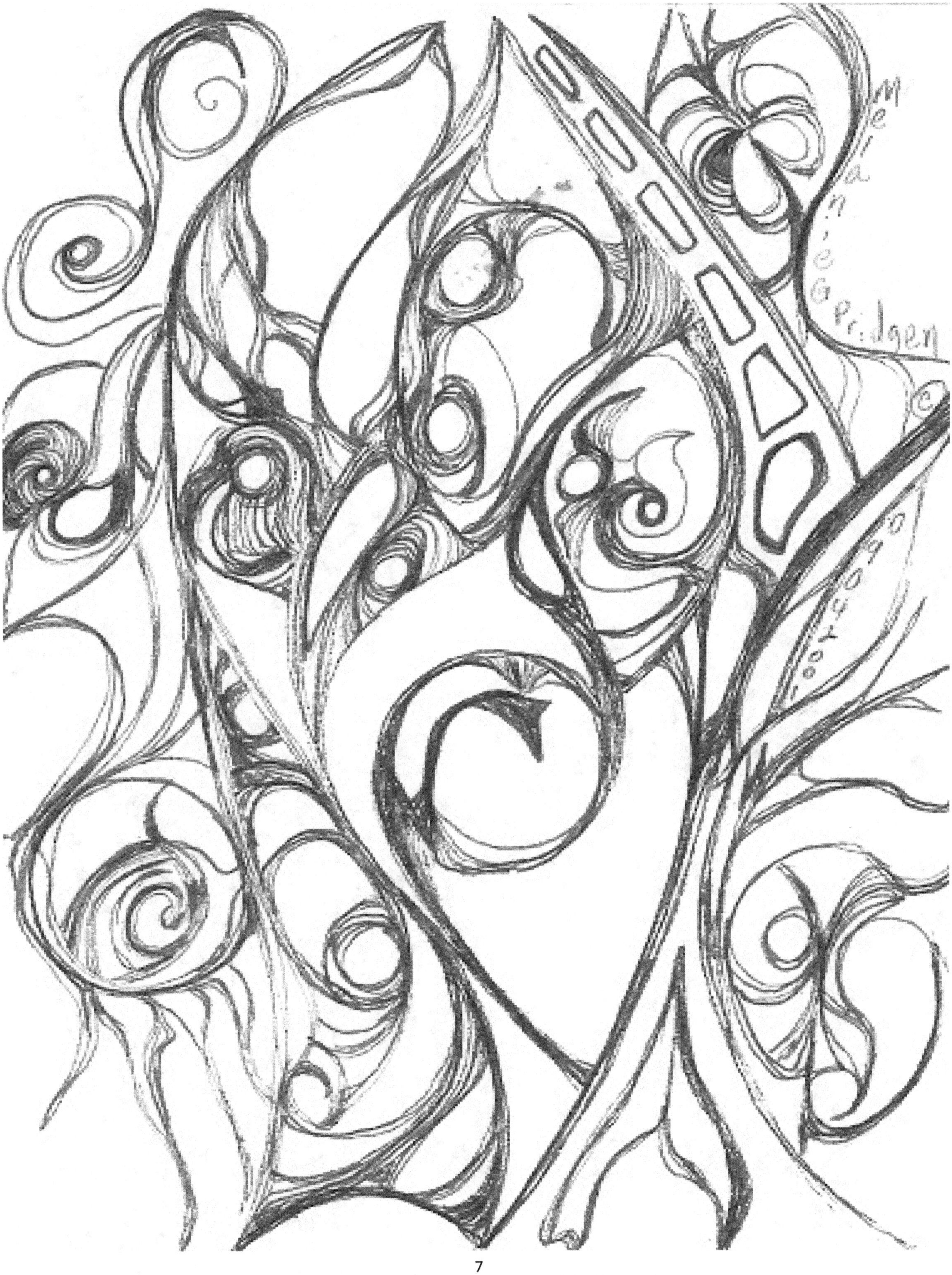
Melanie G Pridgen

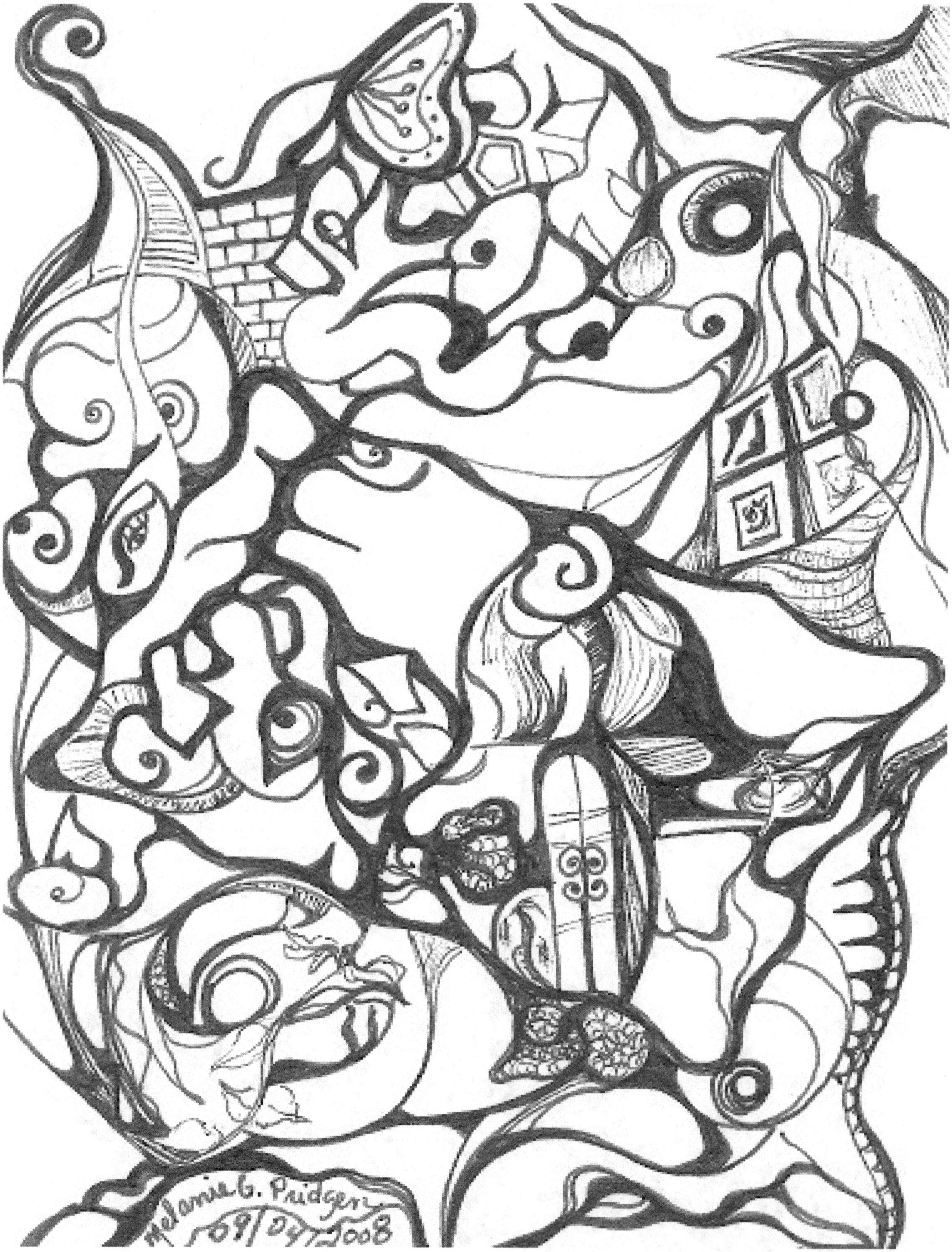
Melanie G. Pridgen
09/04/2008

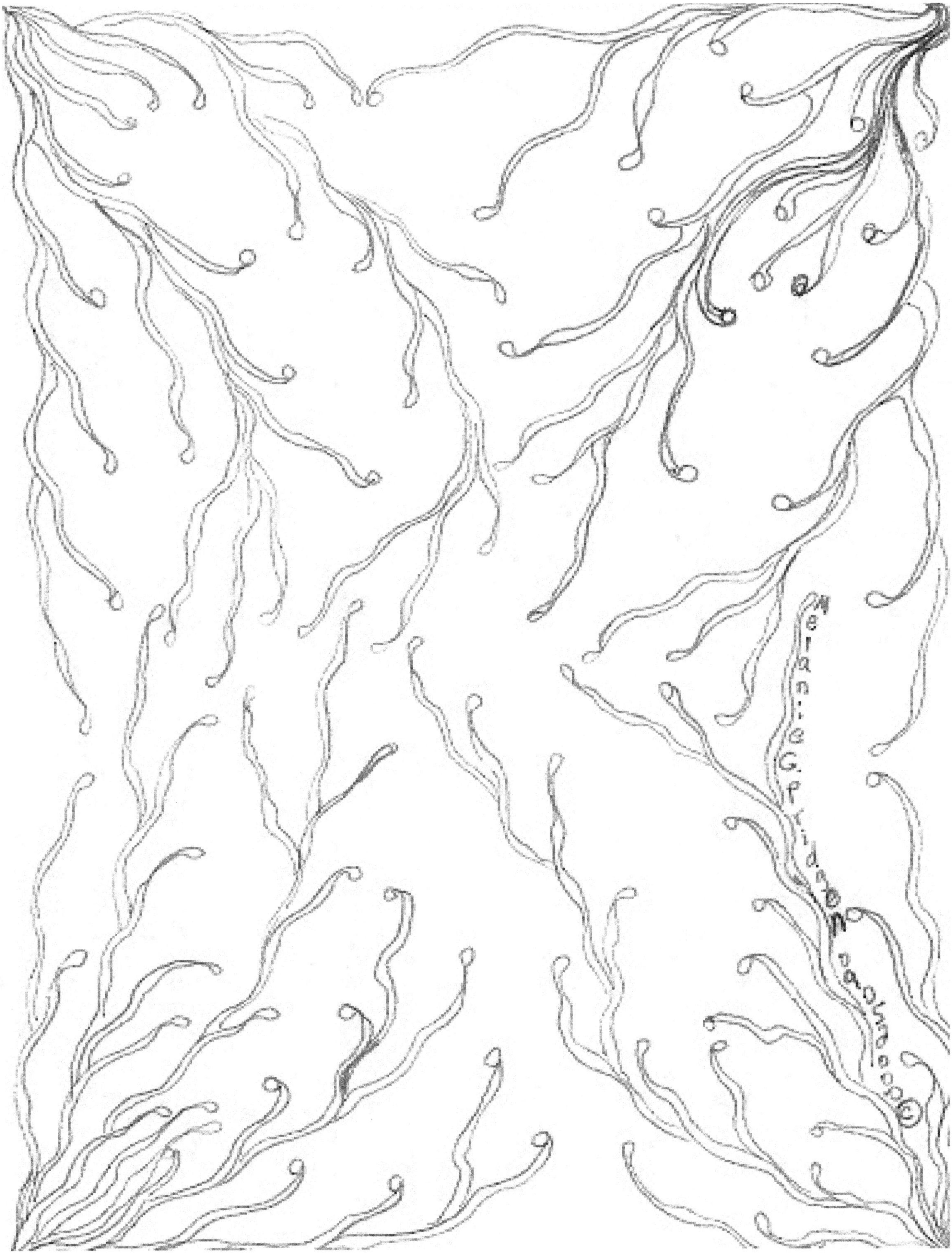

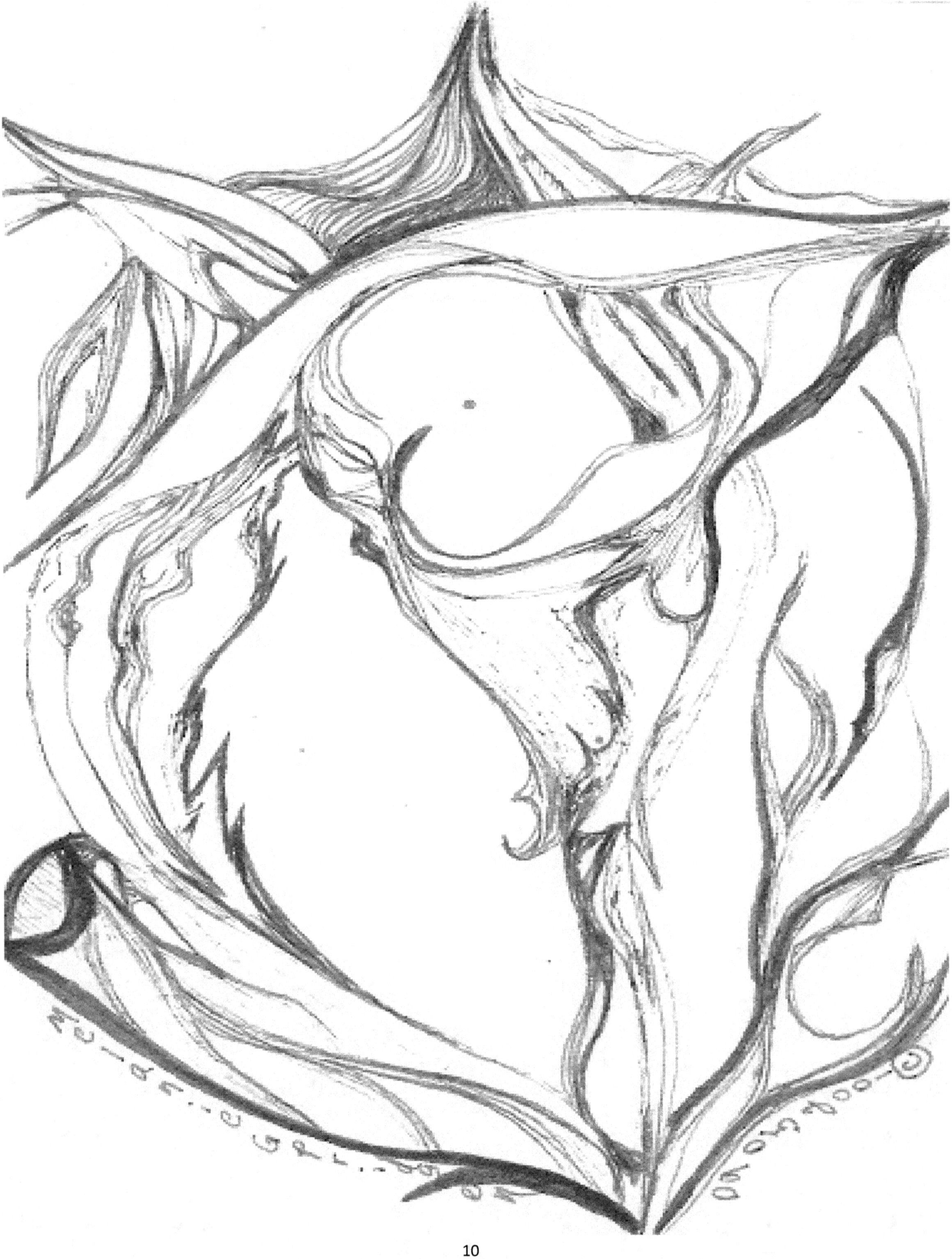

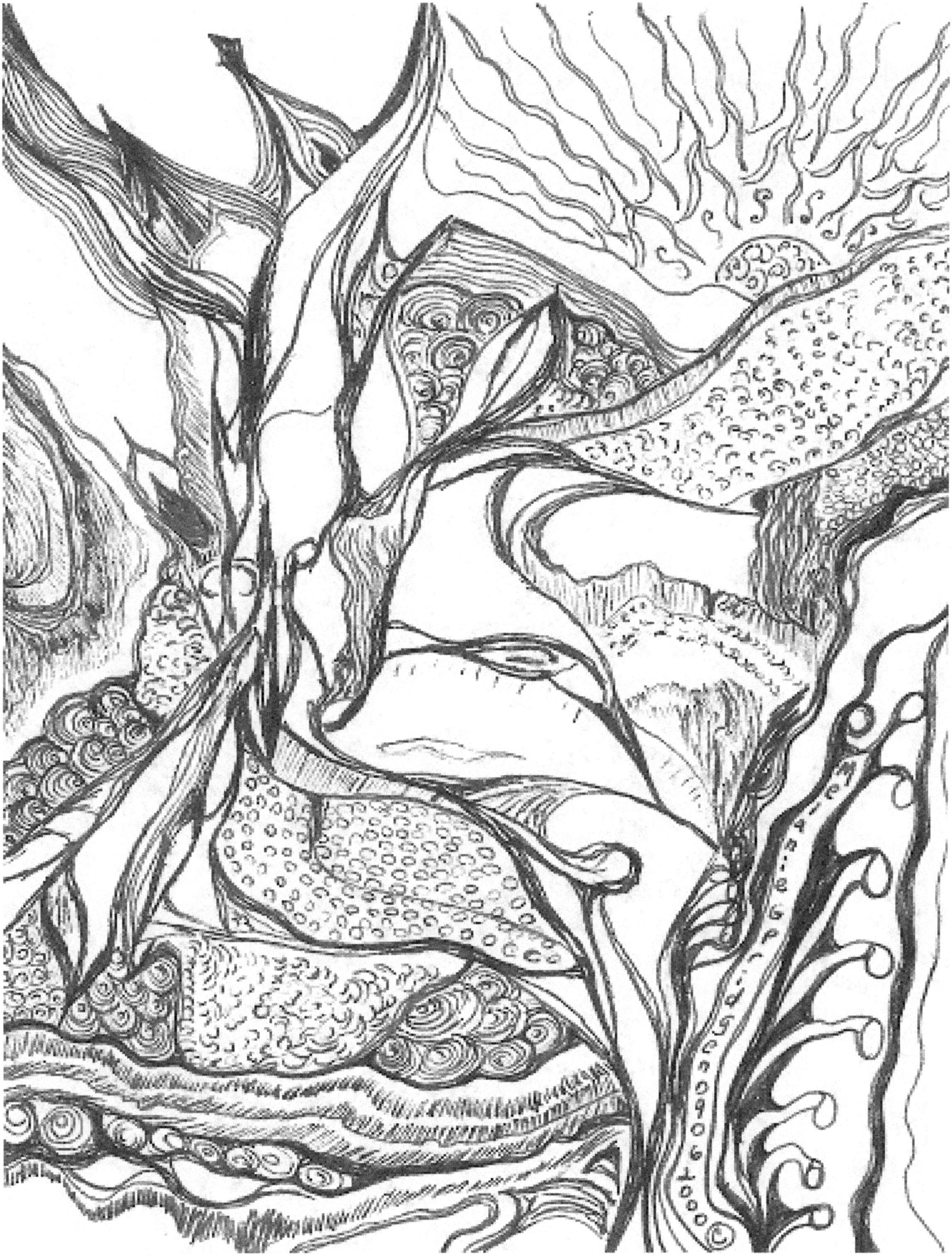

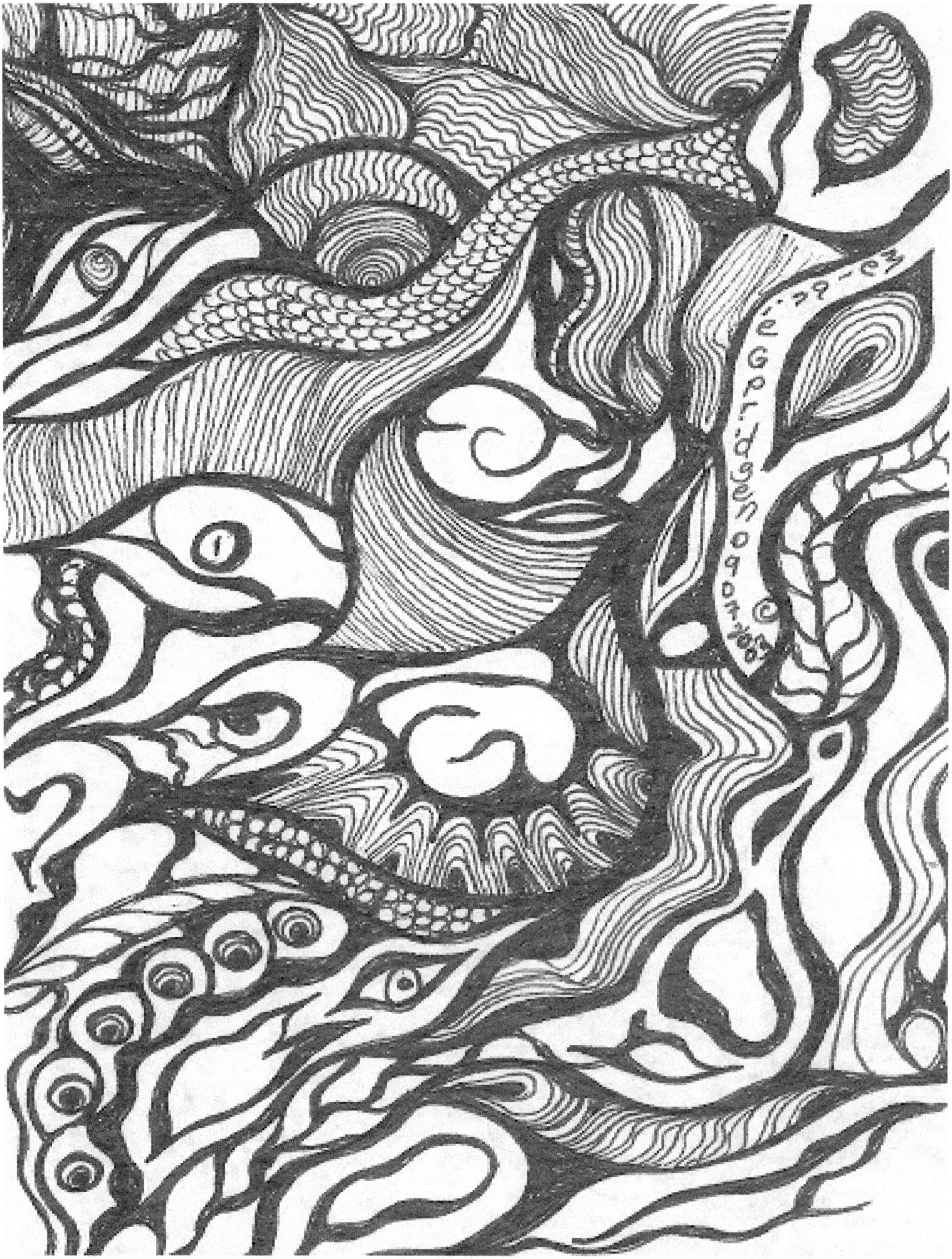

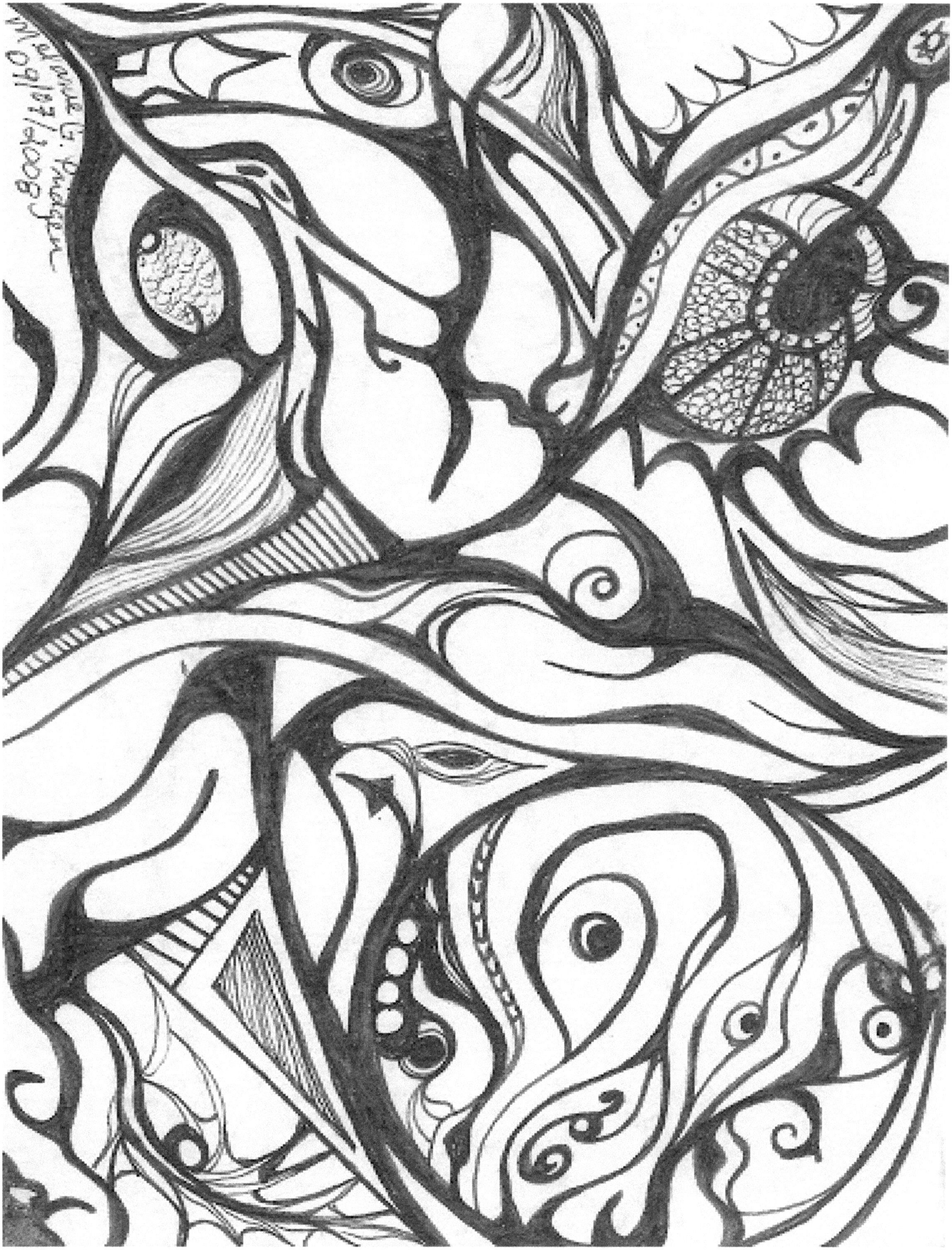

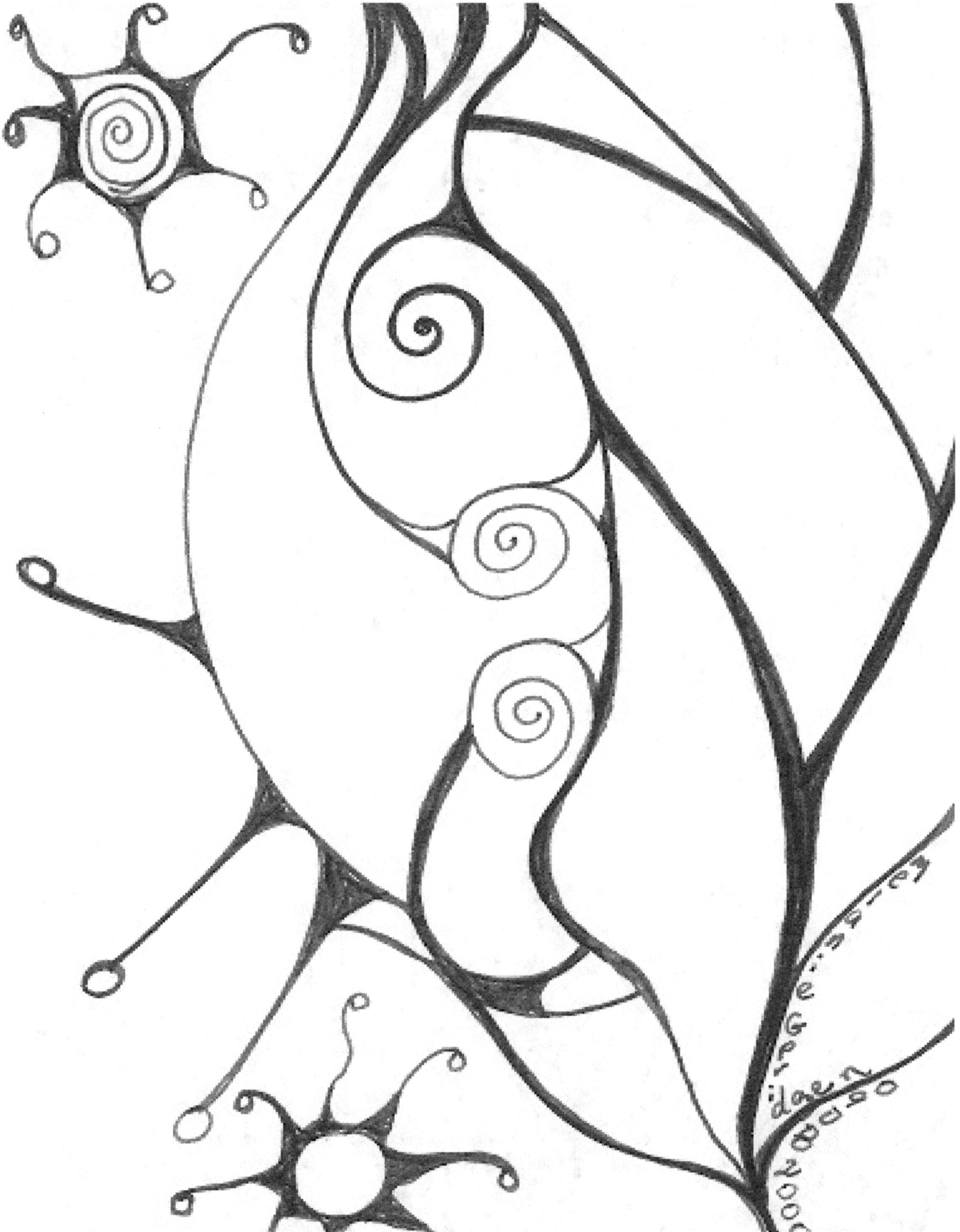

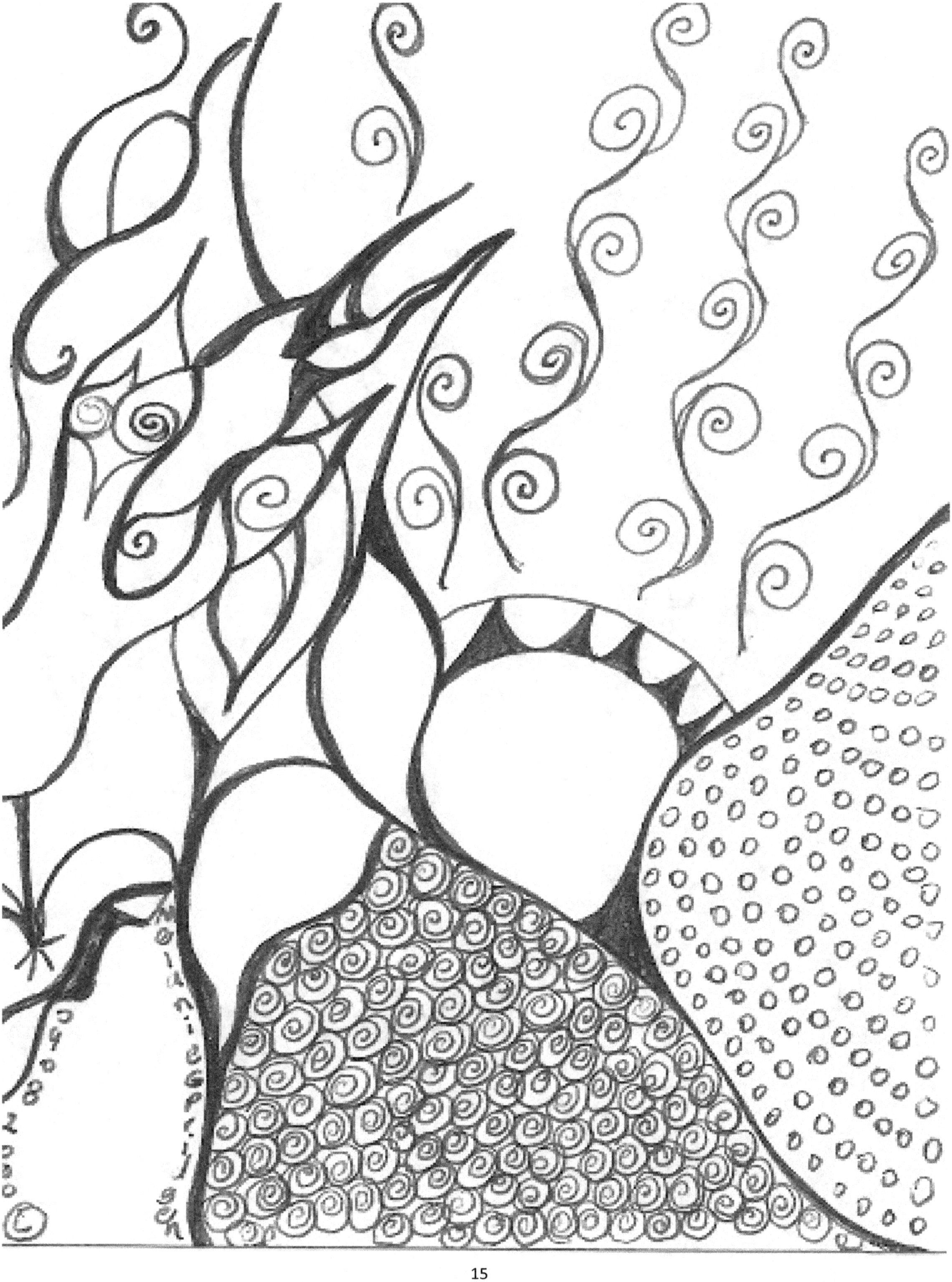

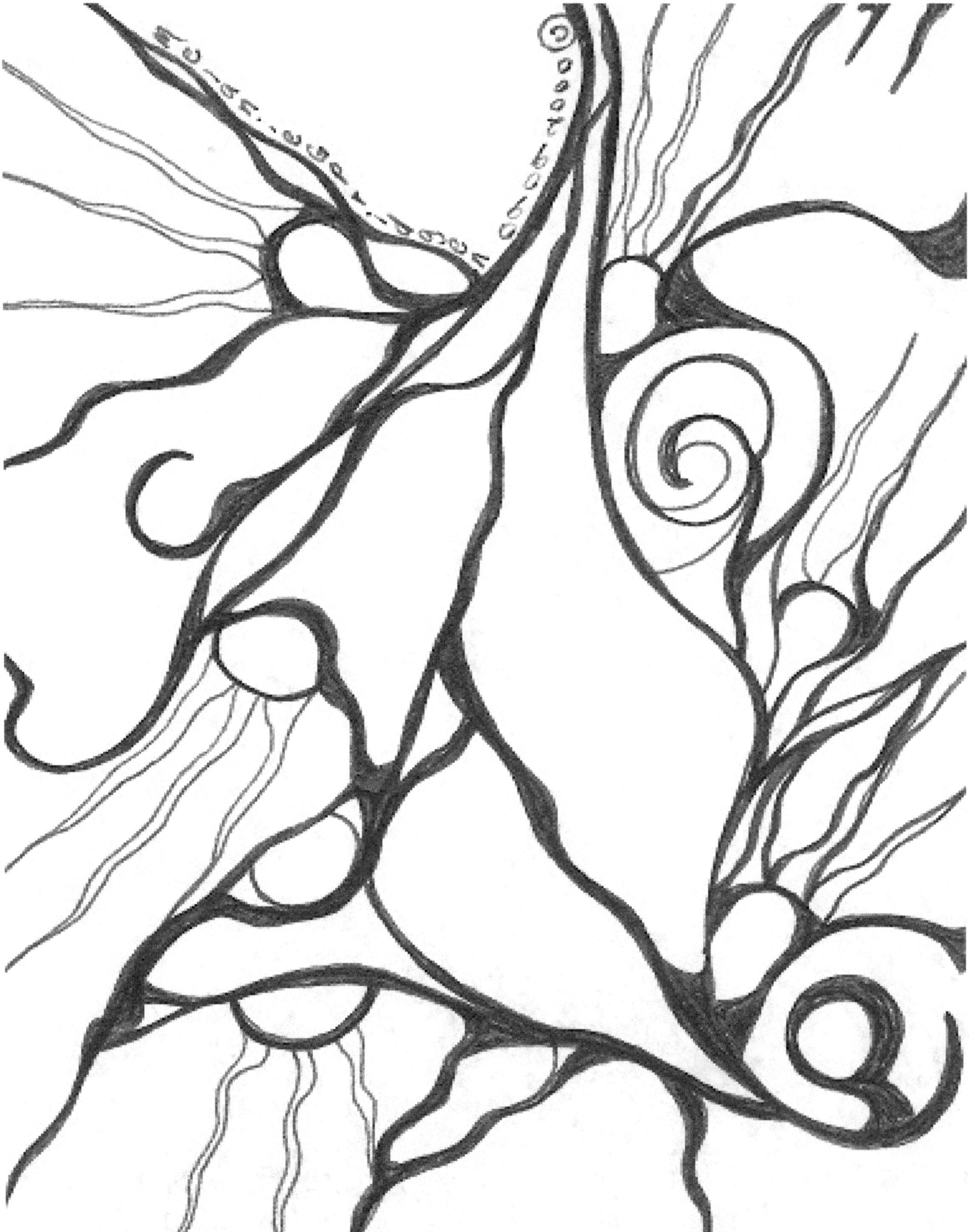

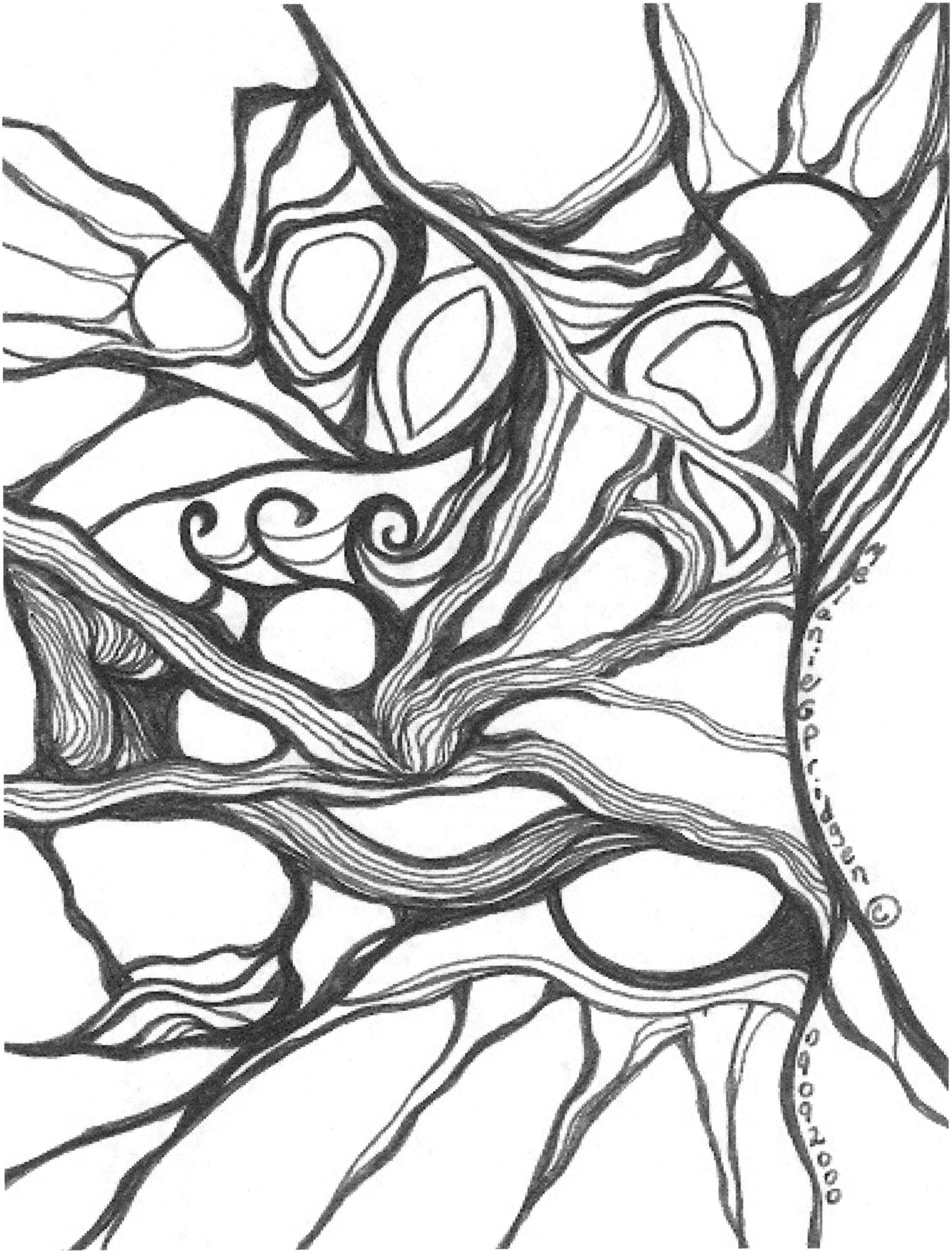

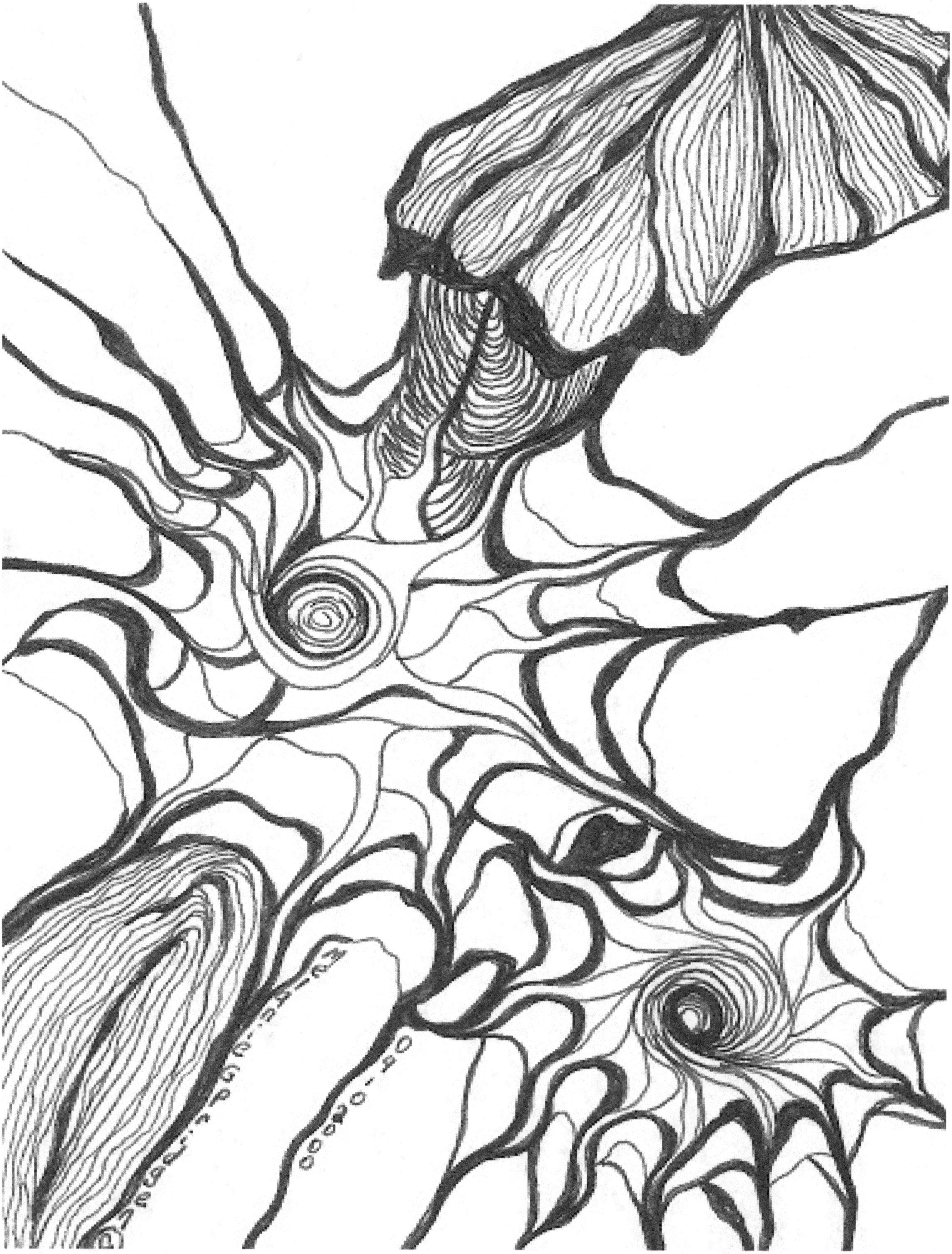

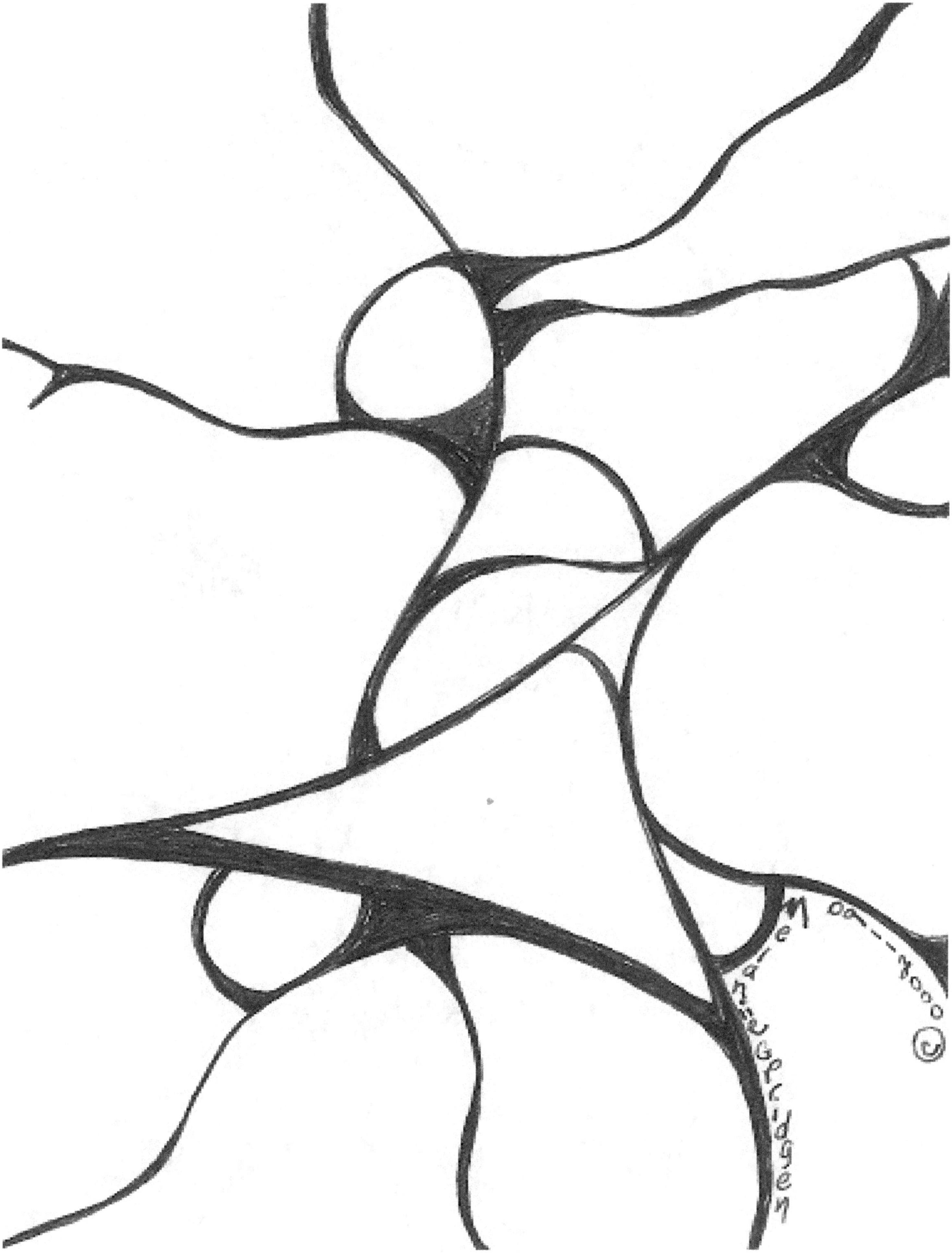

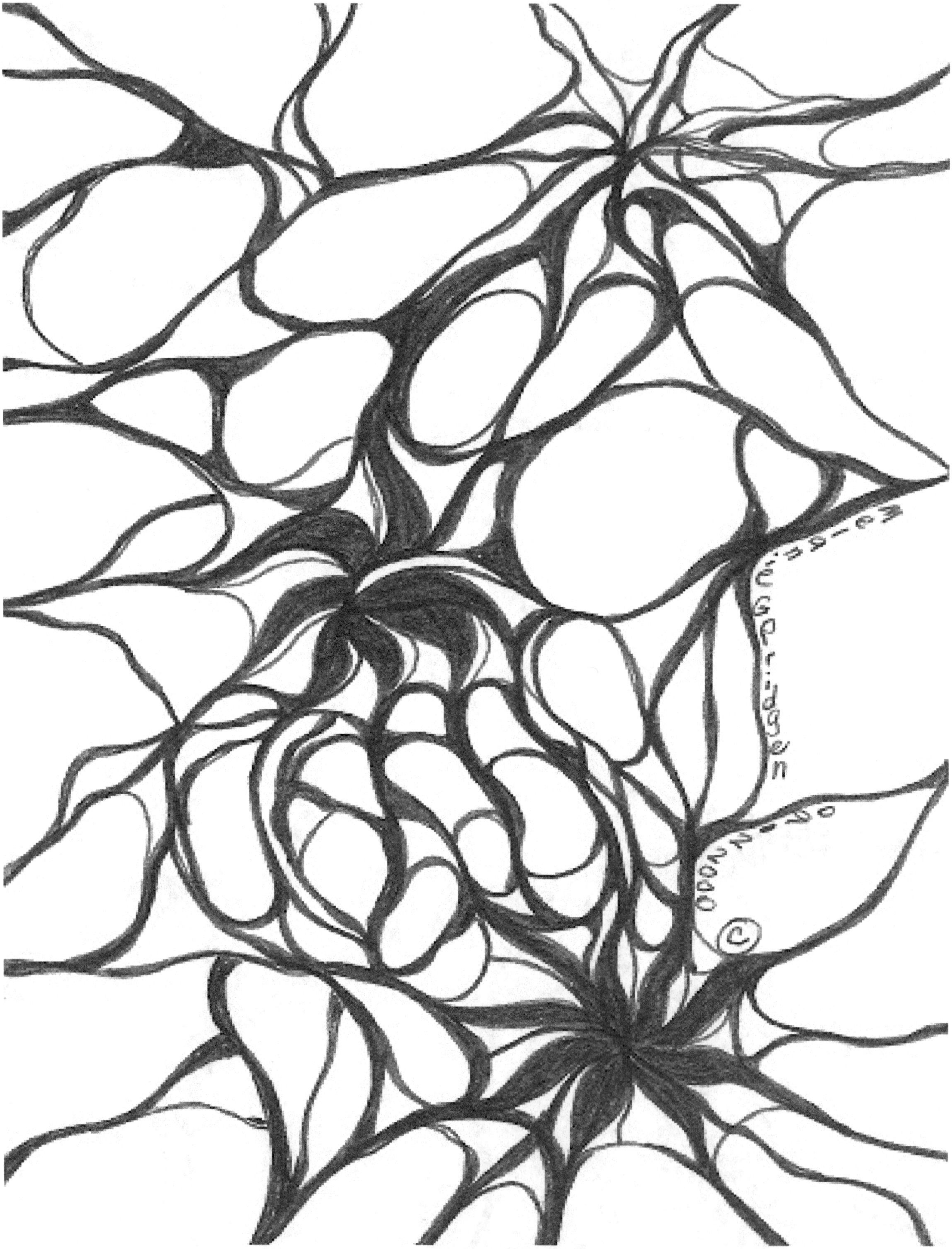

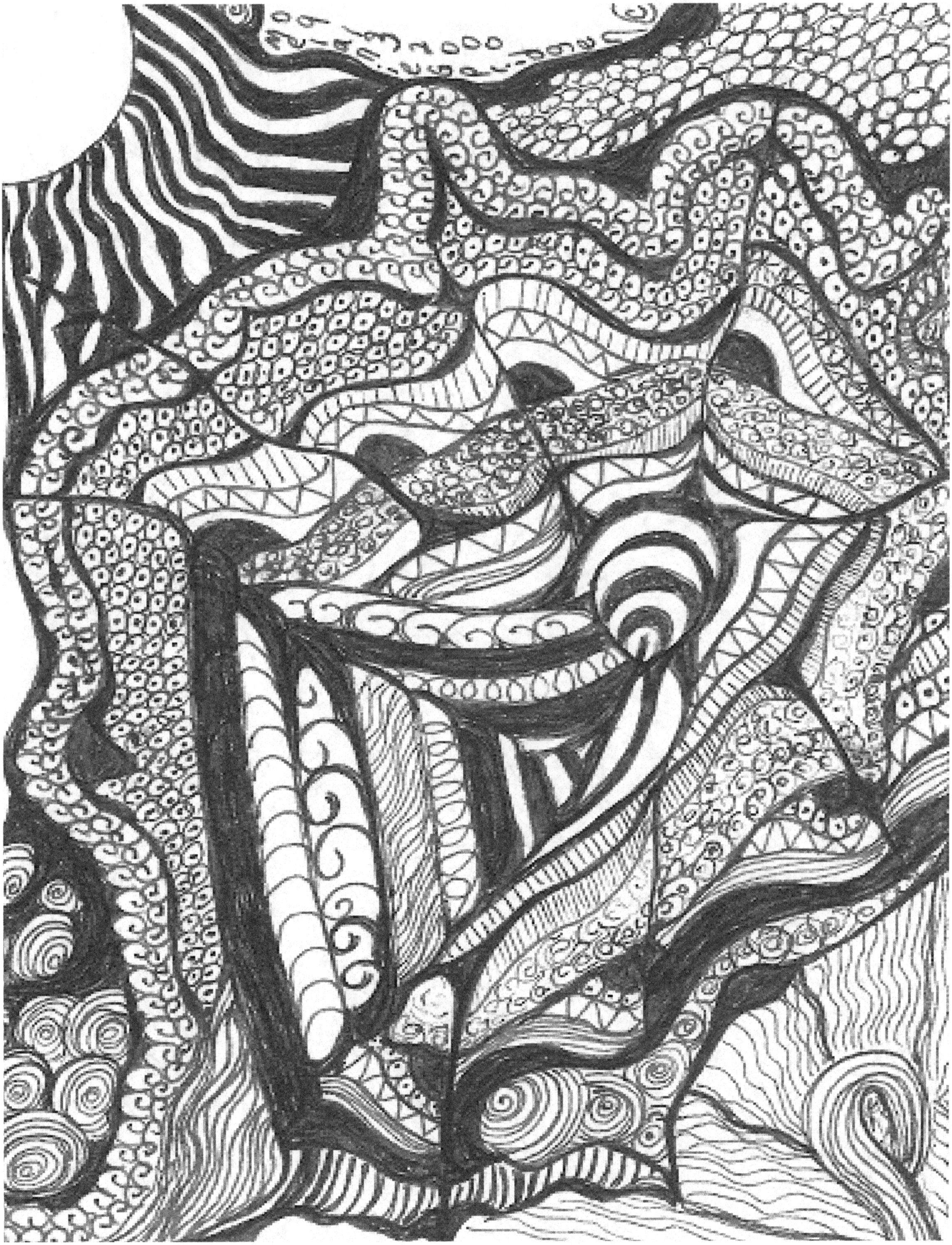

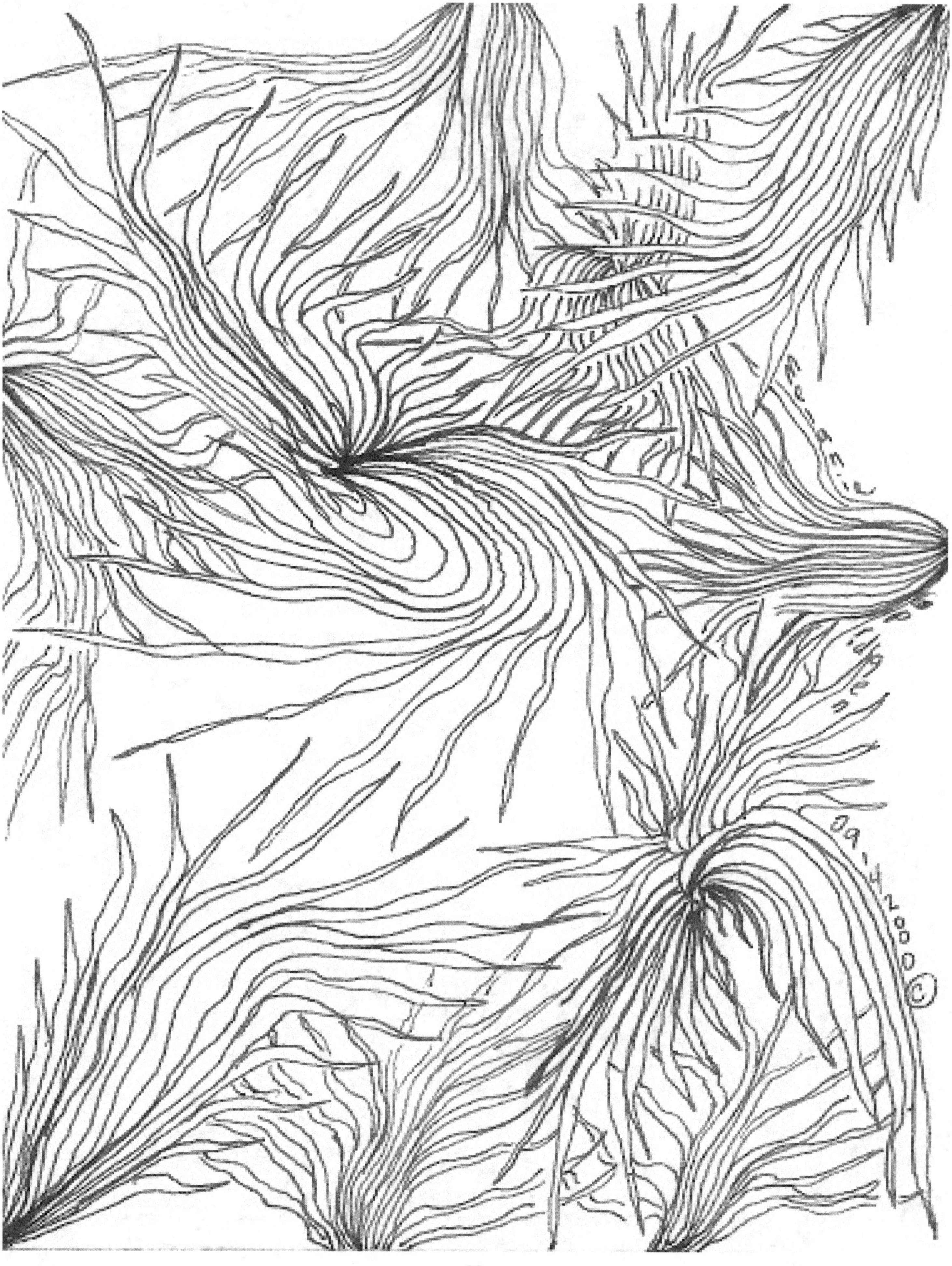

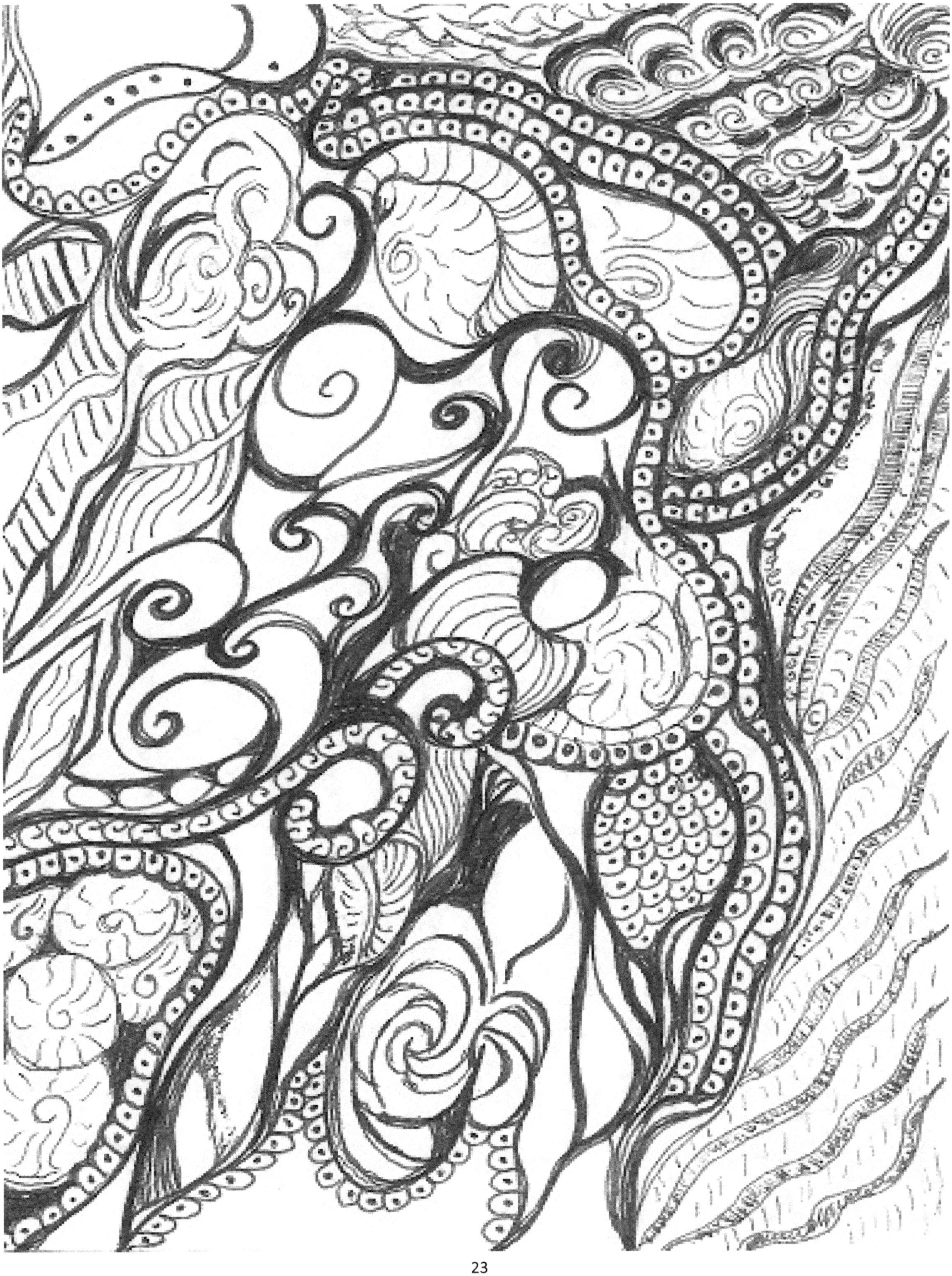

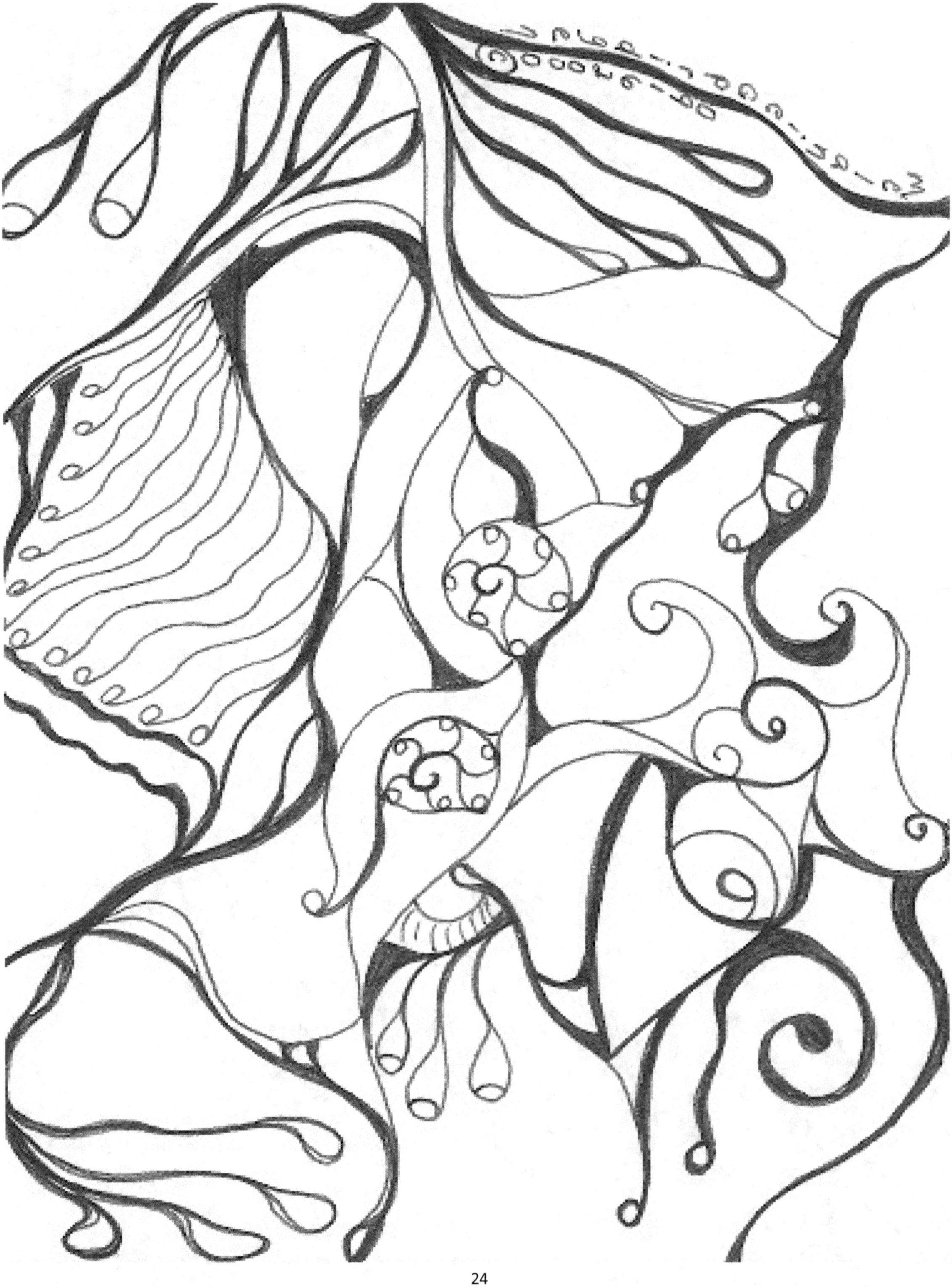

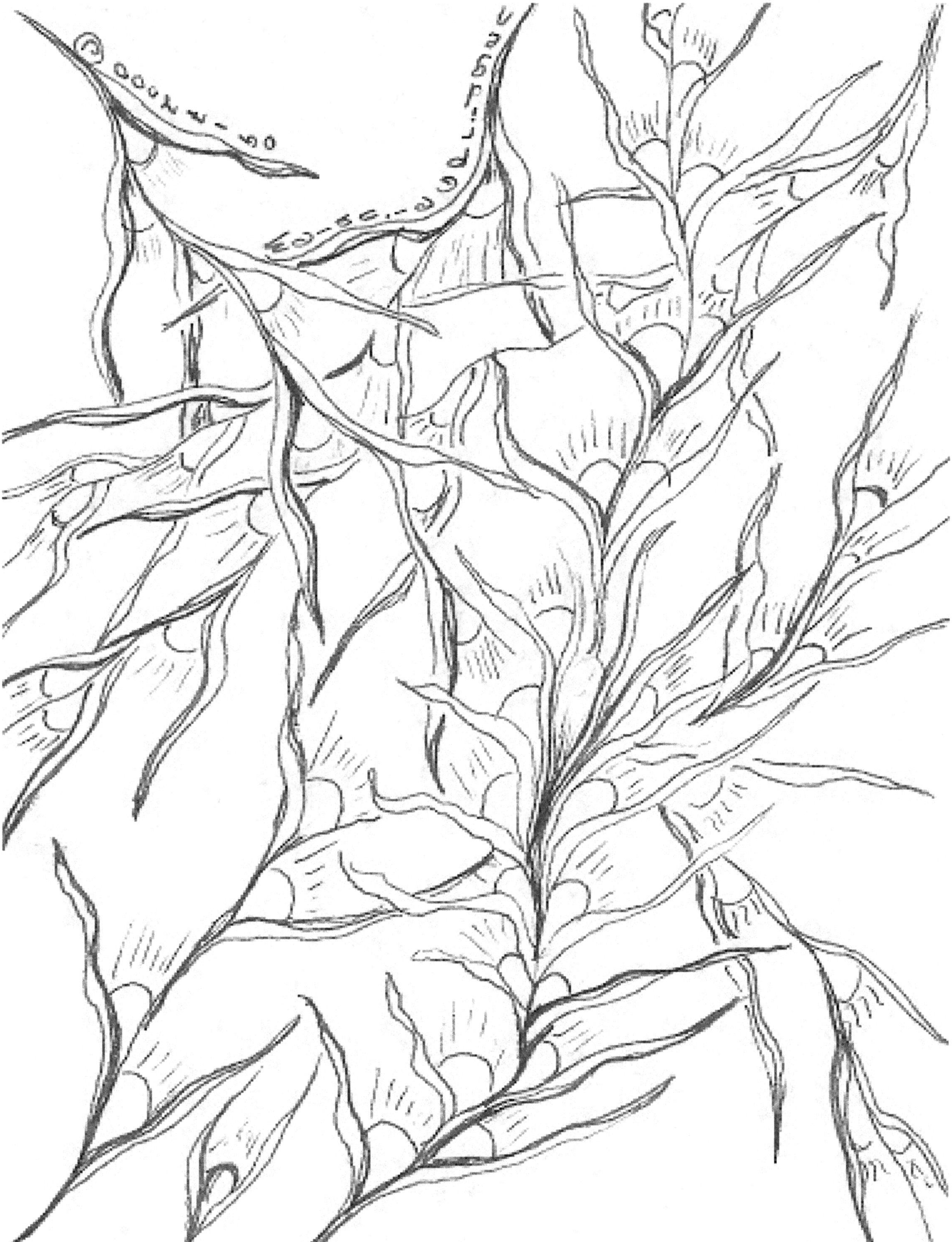

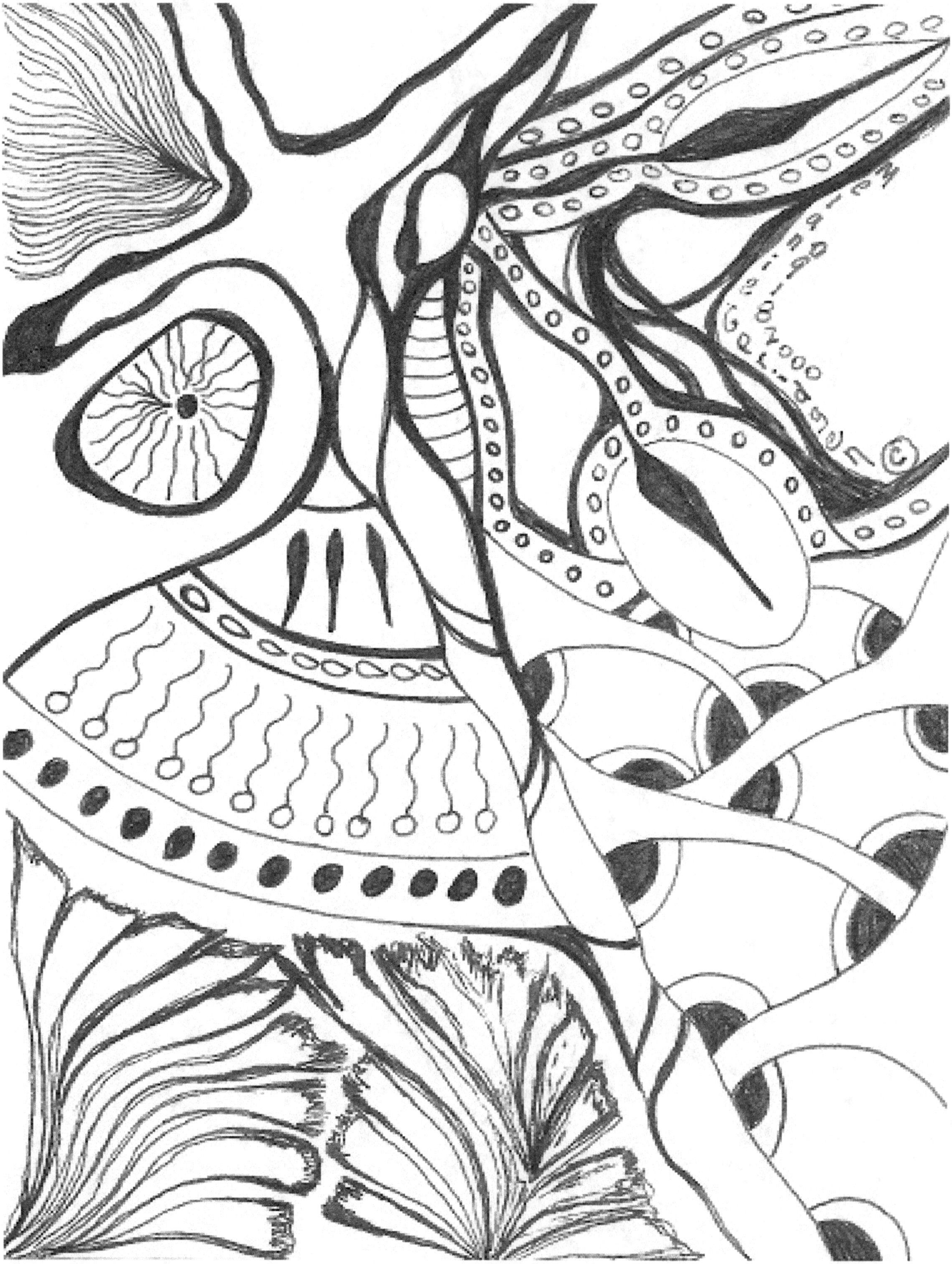

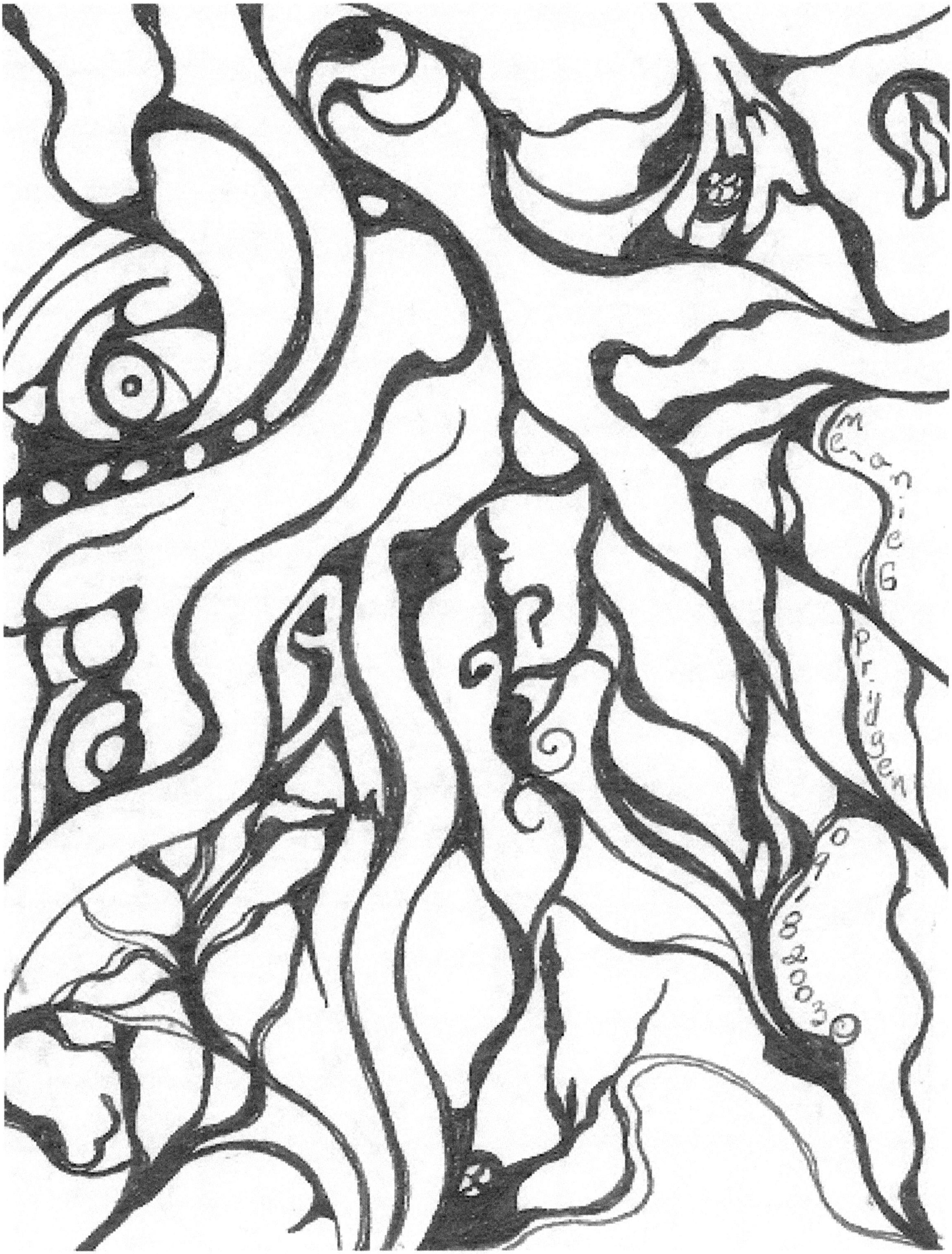

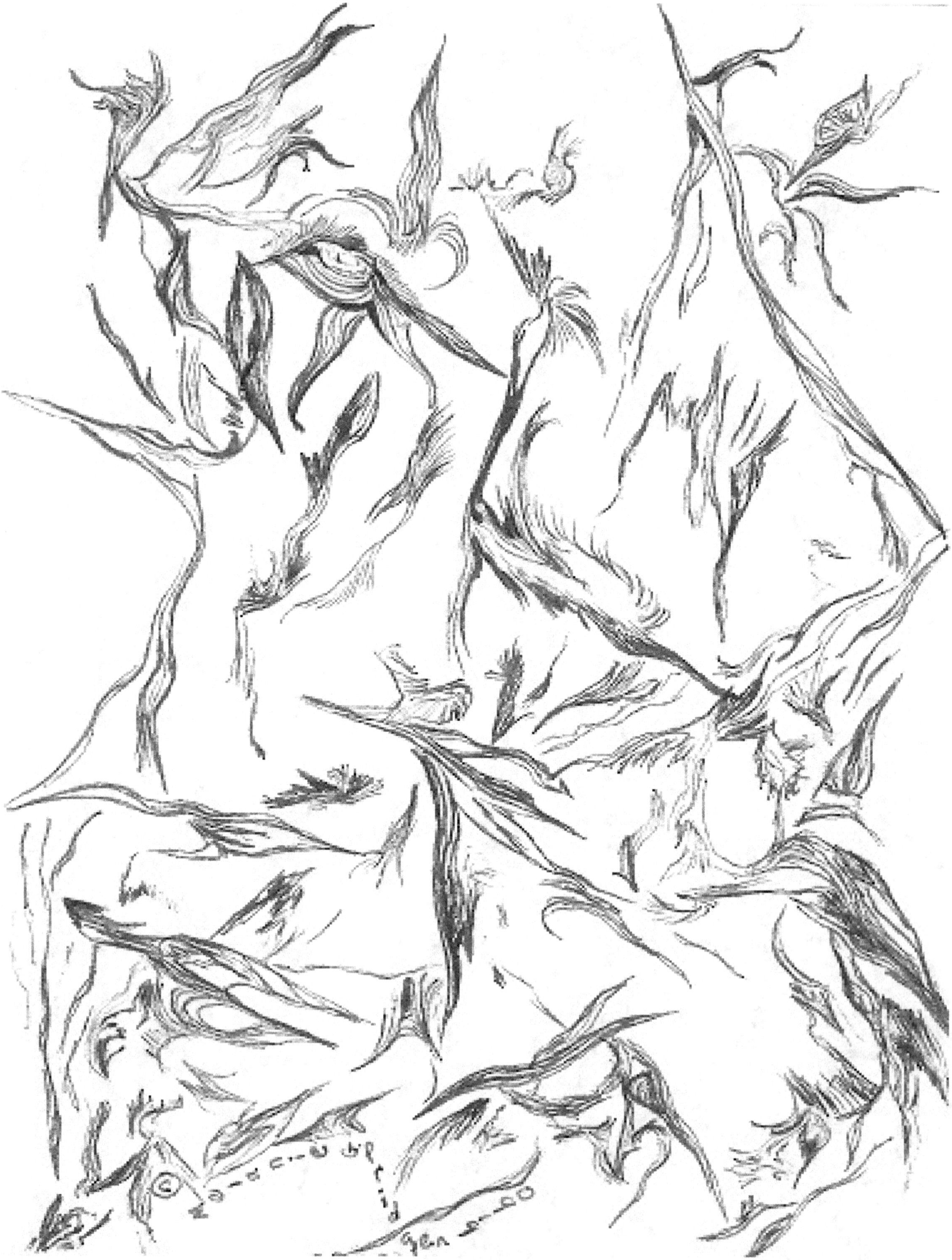

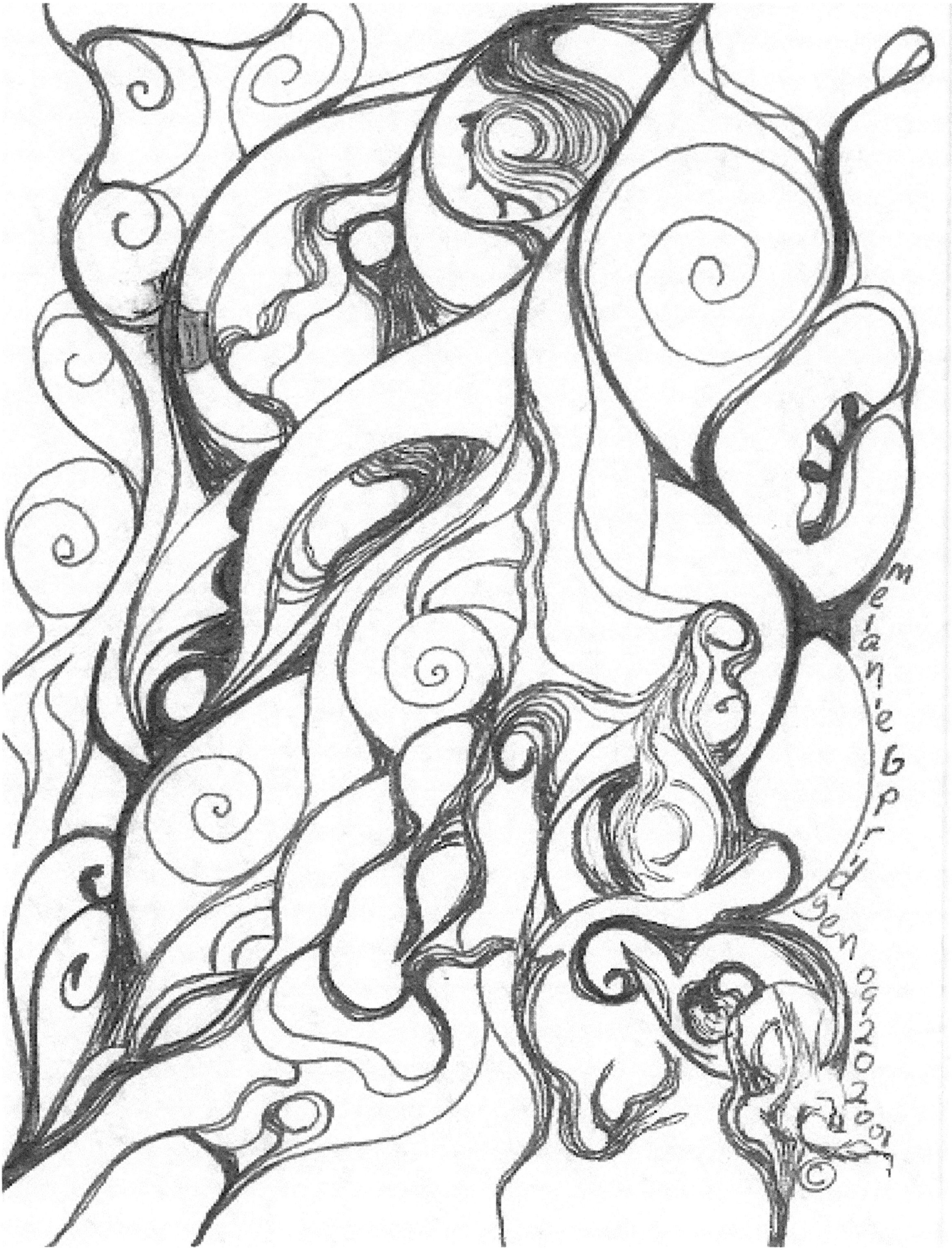

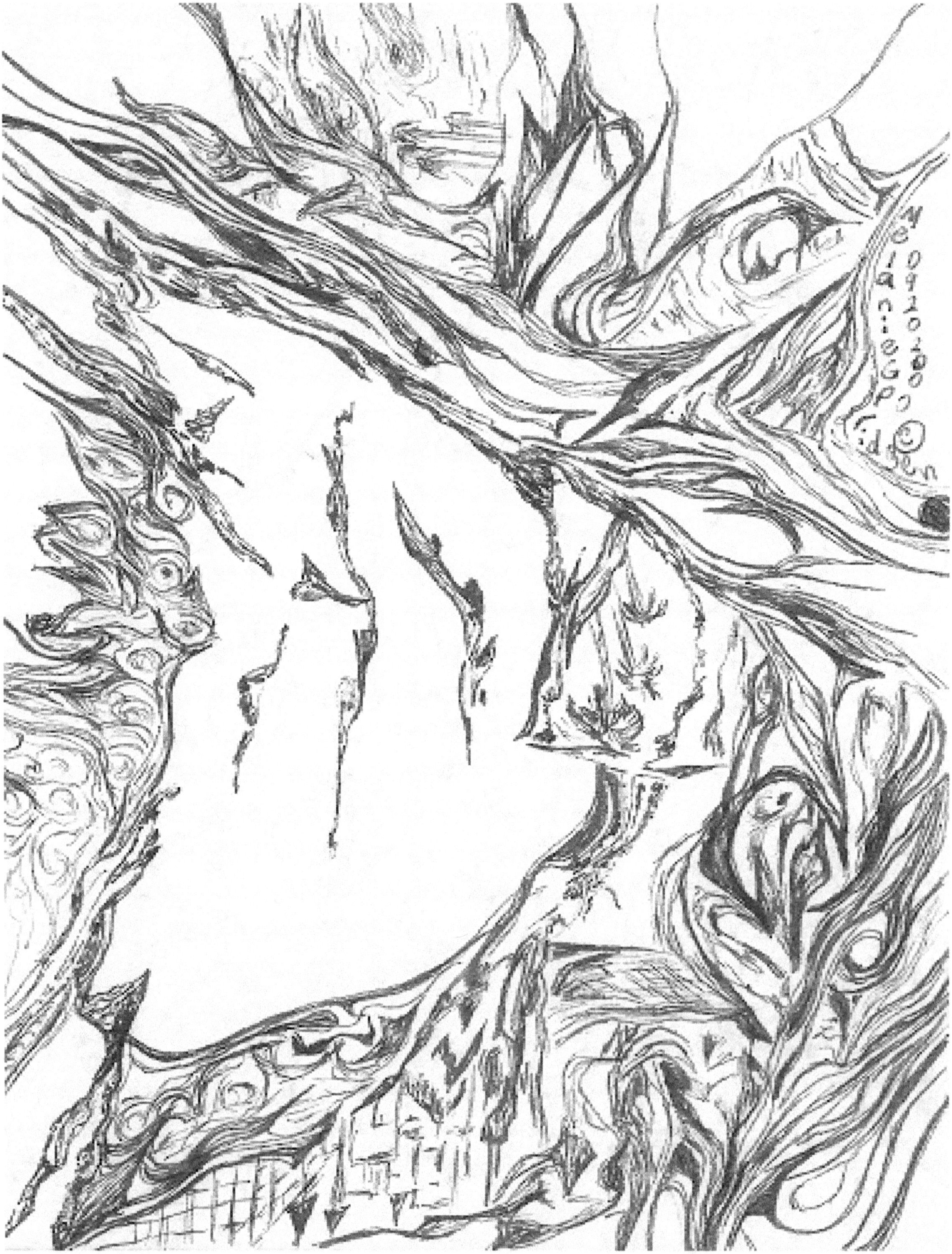

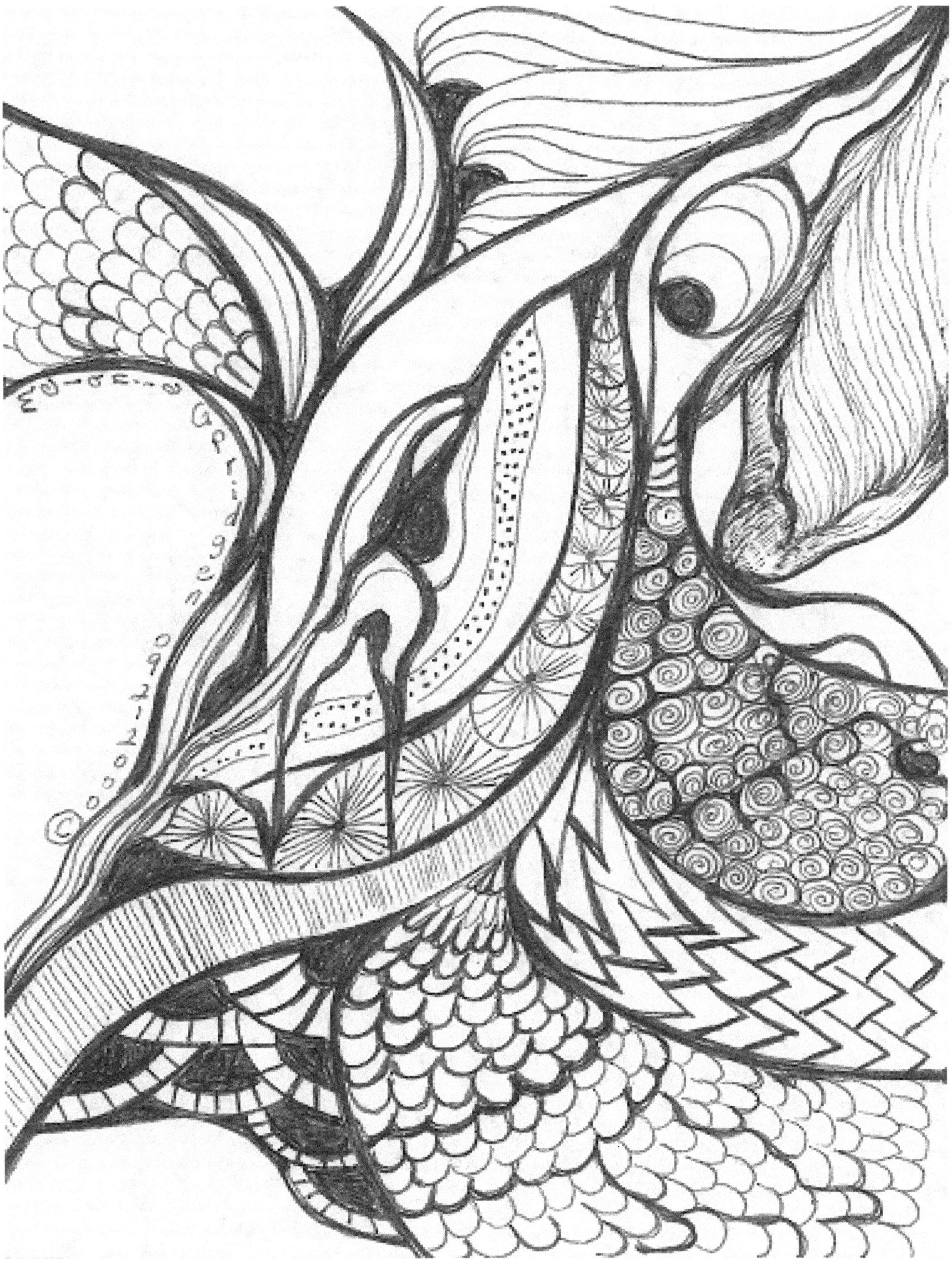

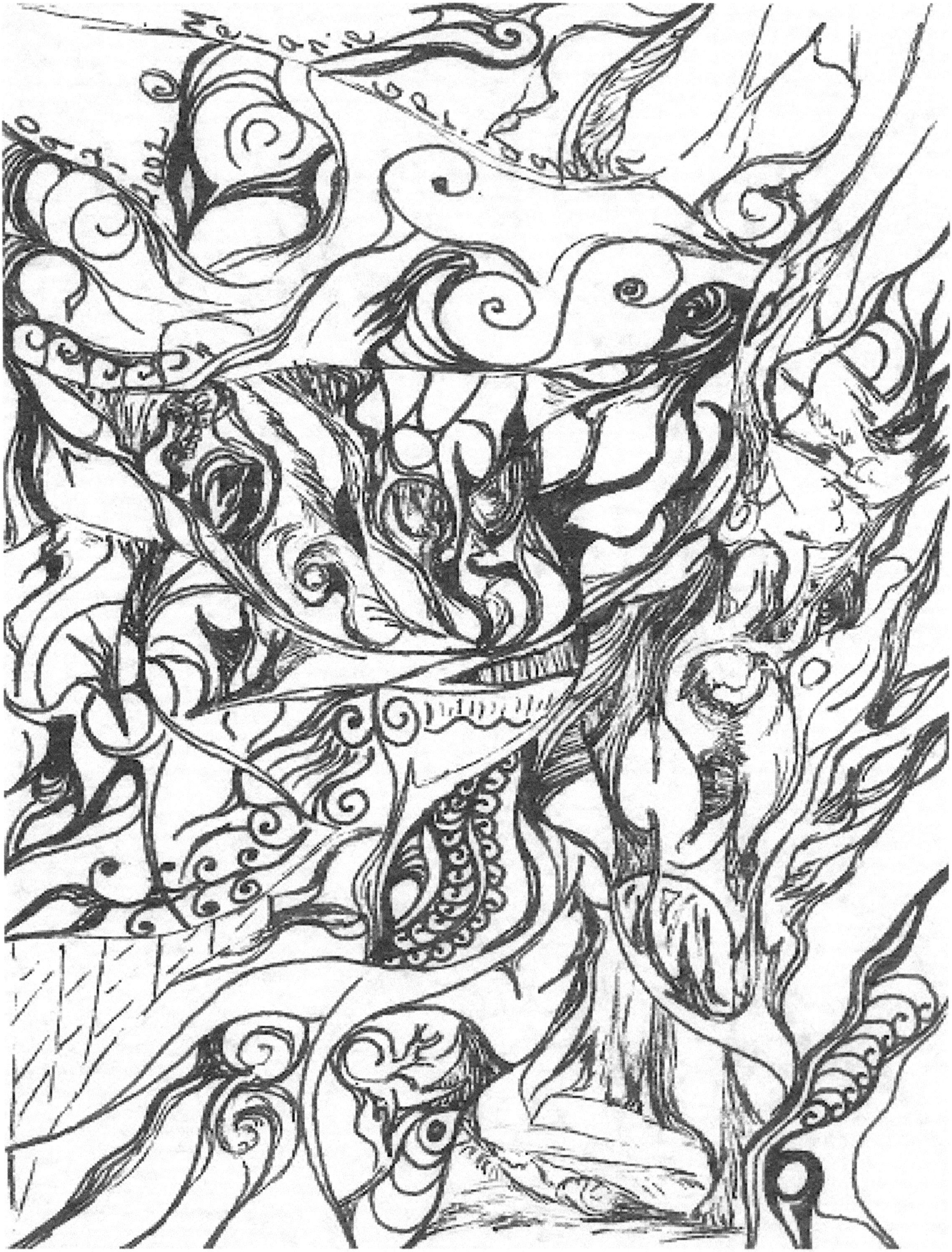

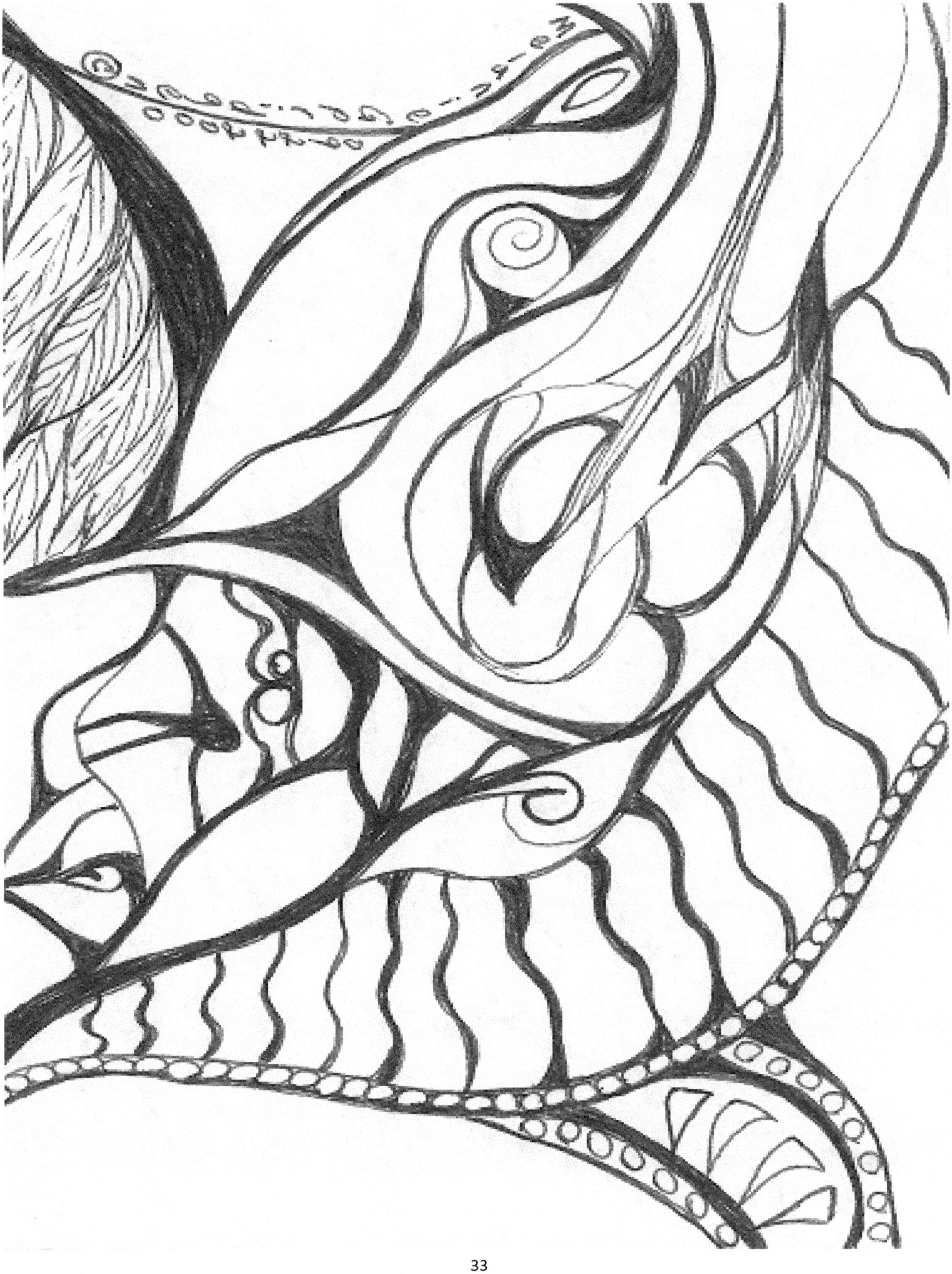

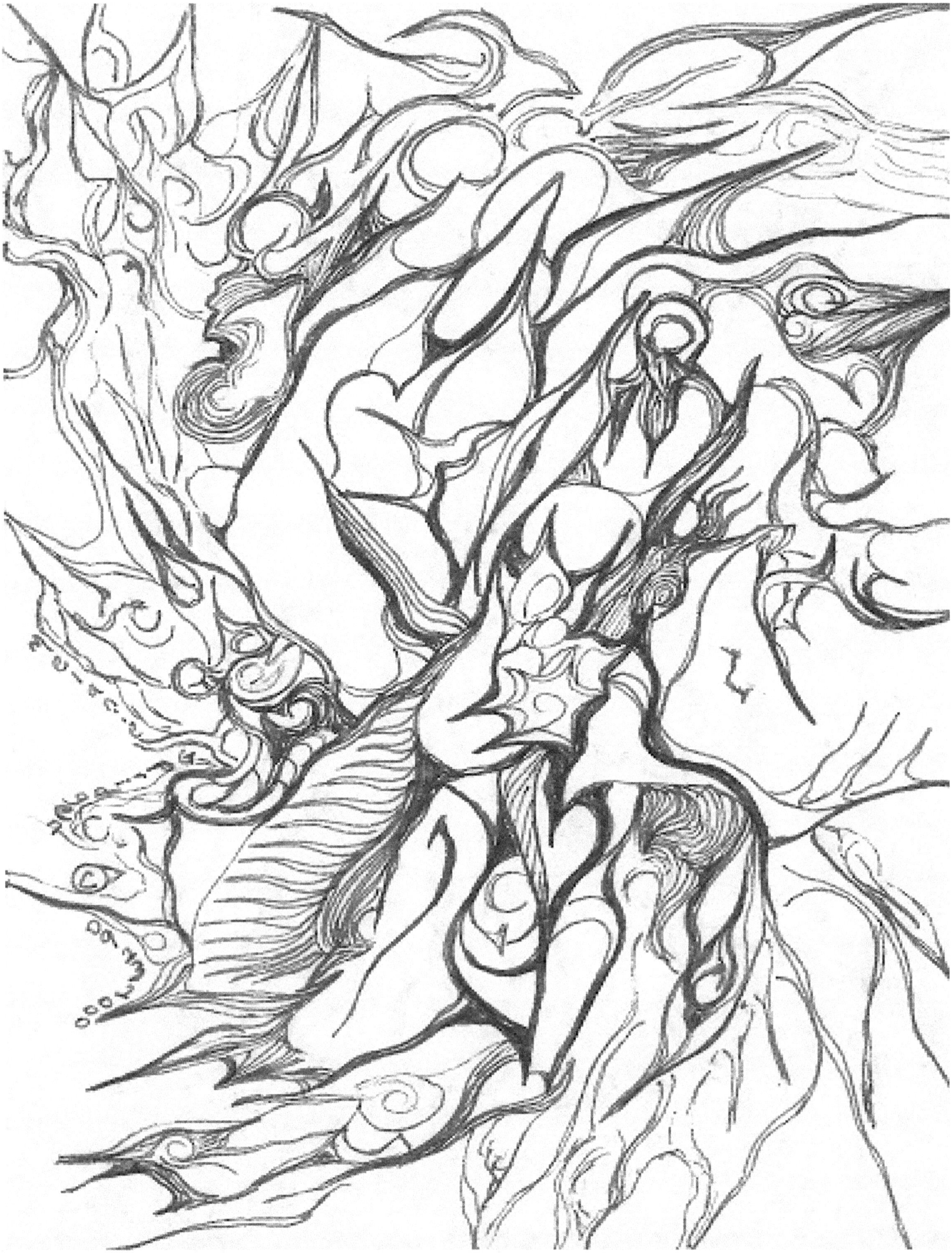

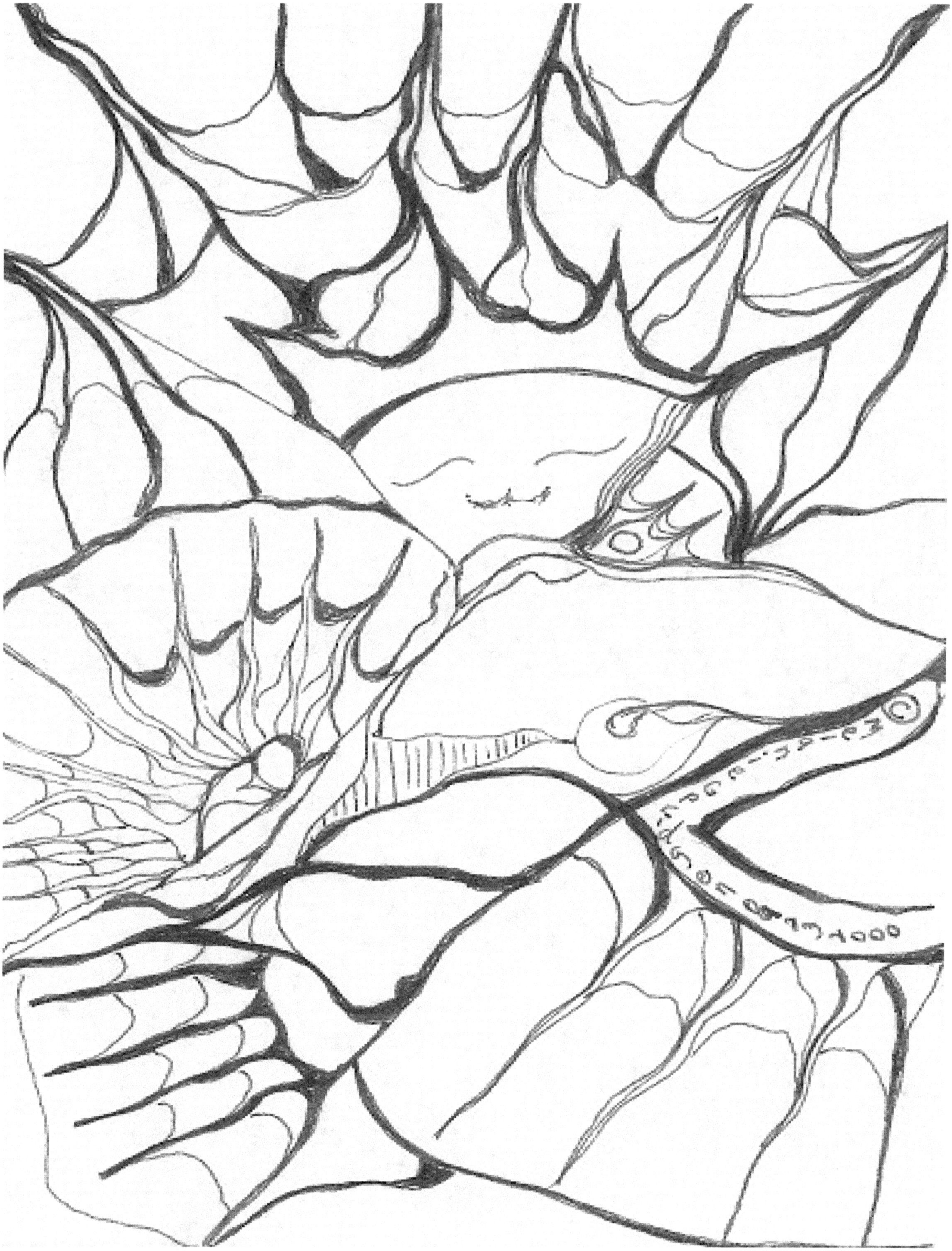

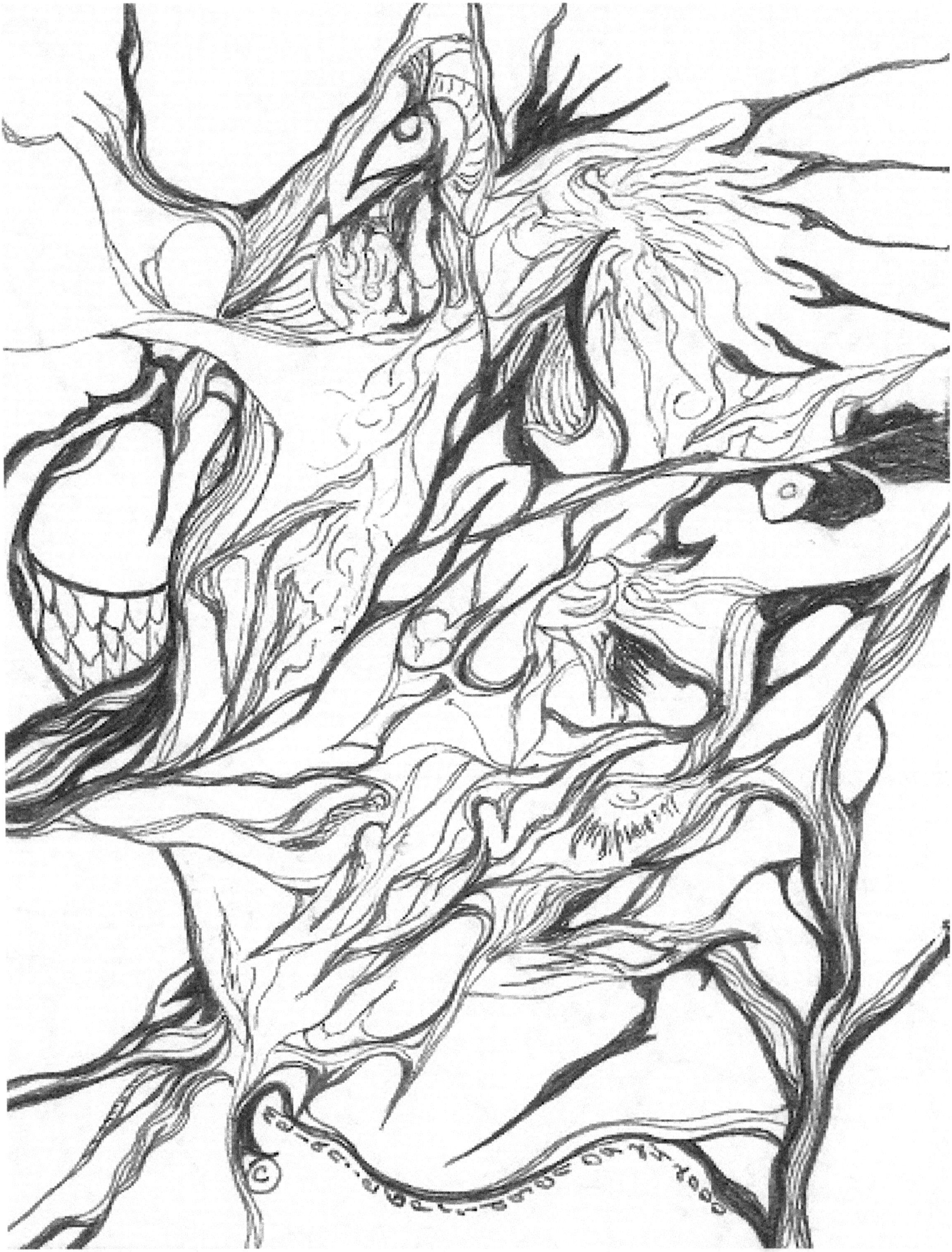

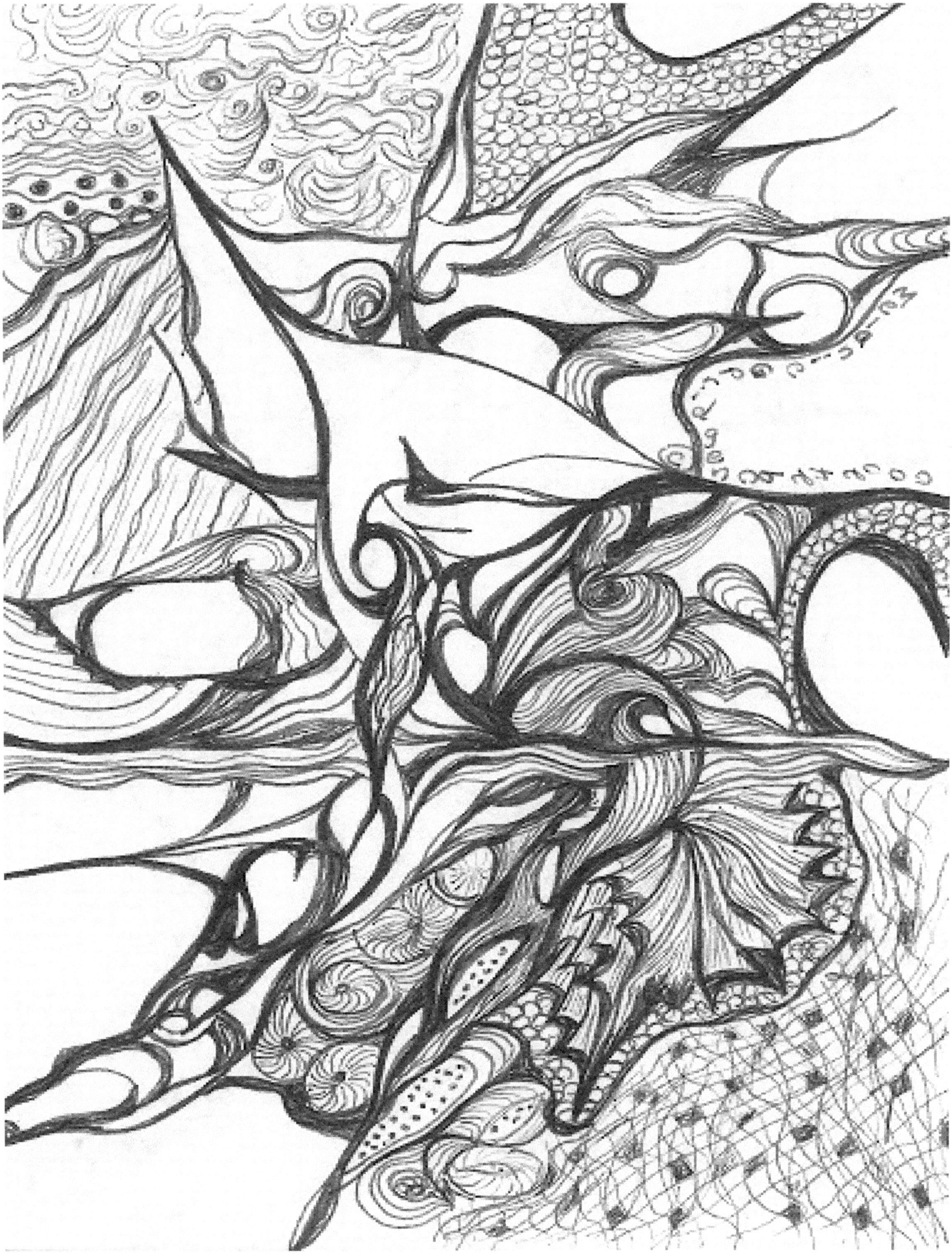

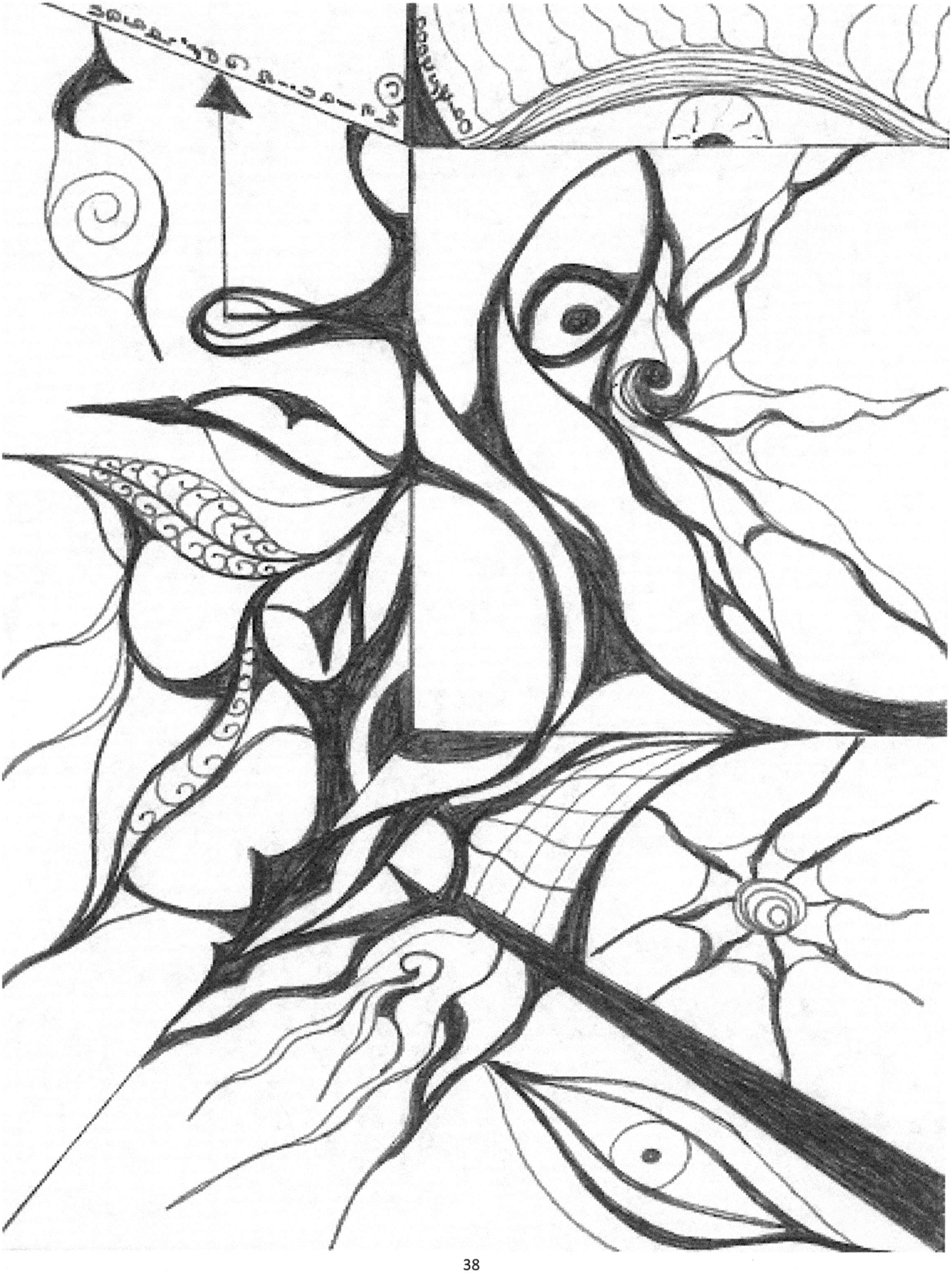

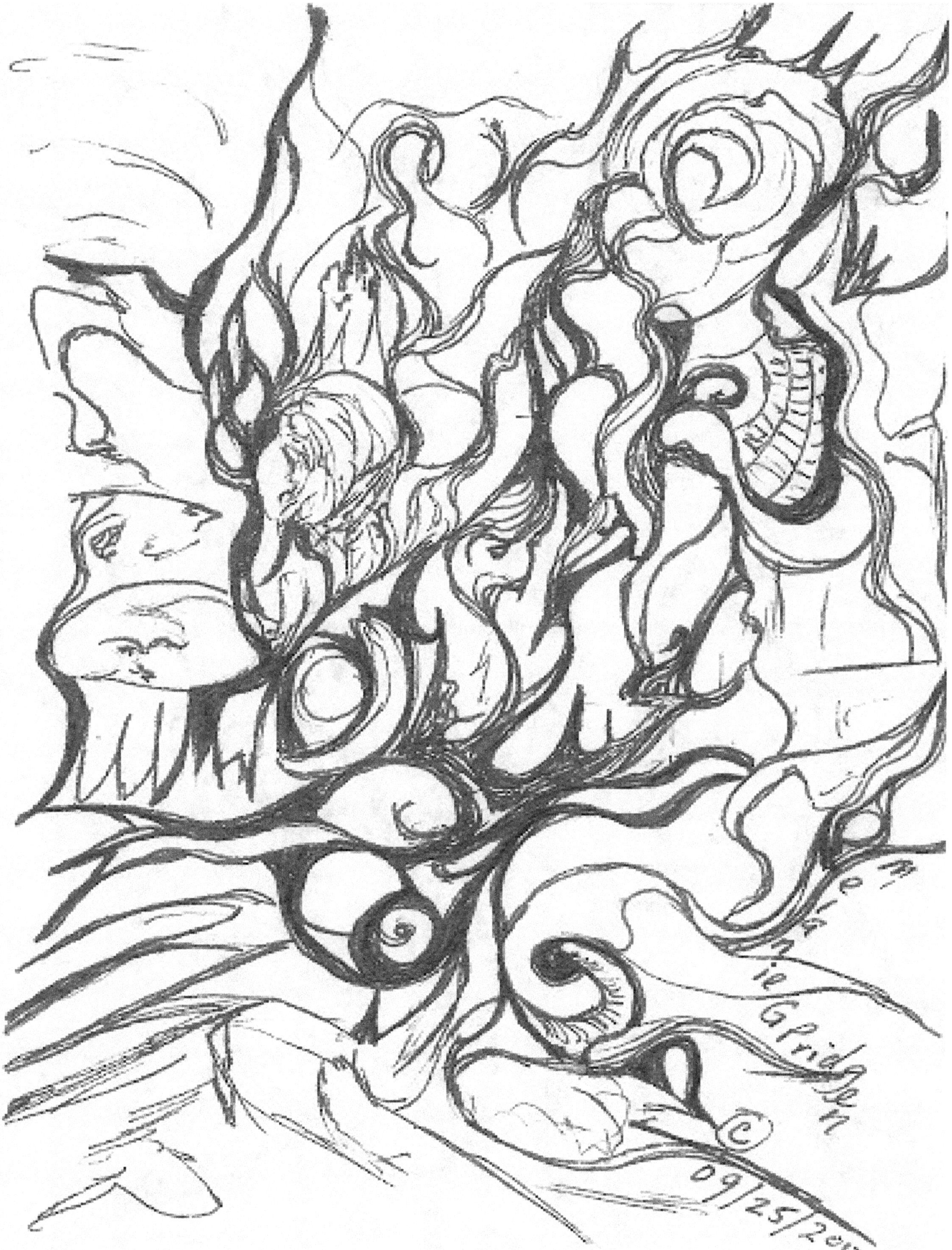
G Pridgen ©
09/25/2001

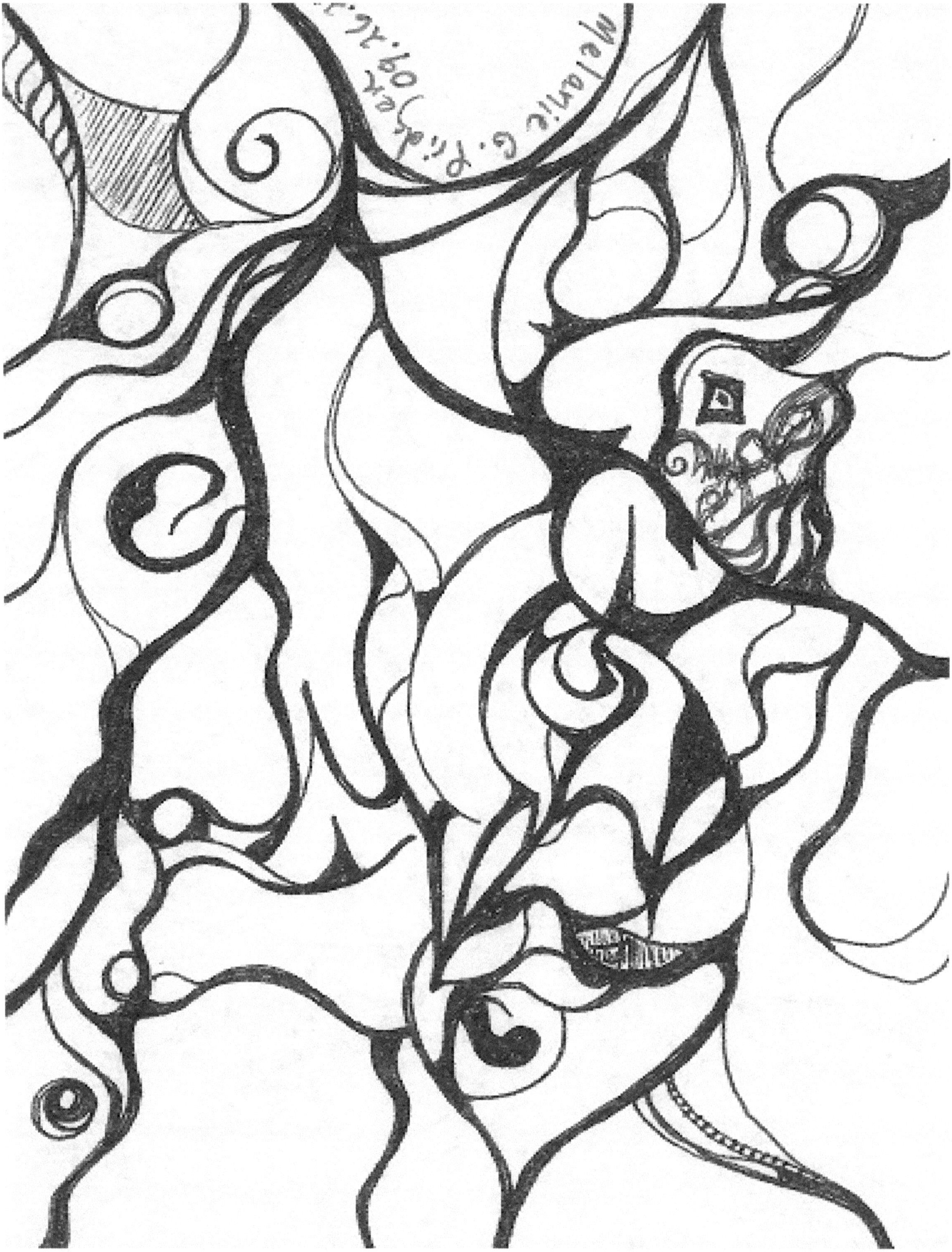

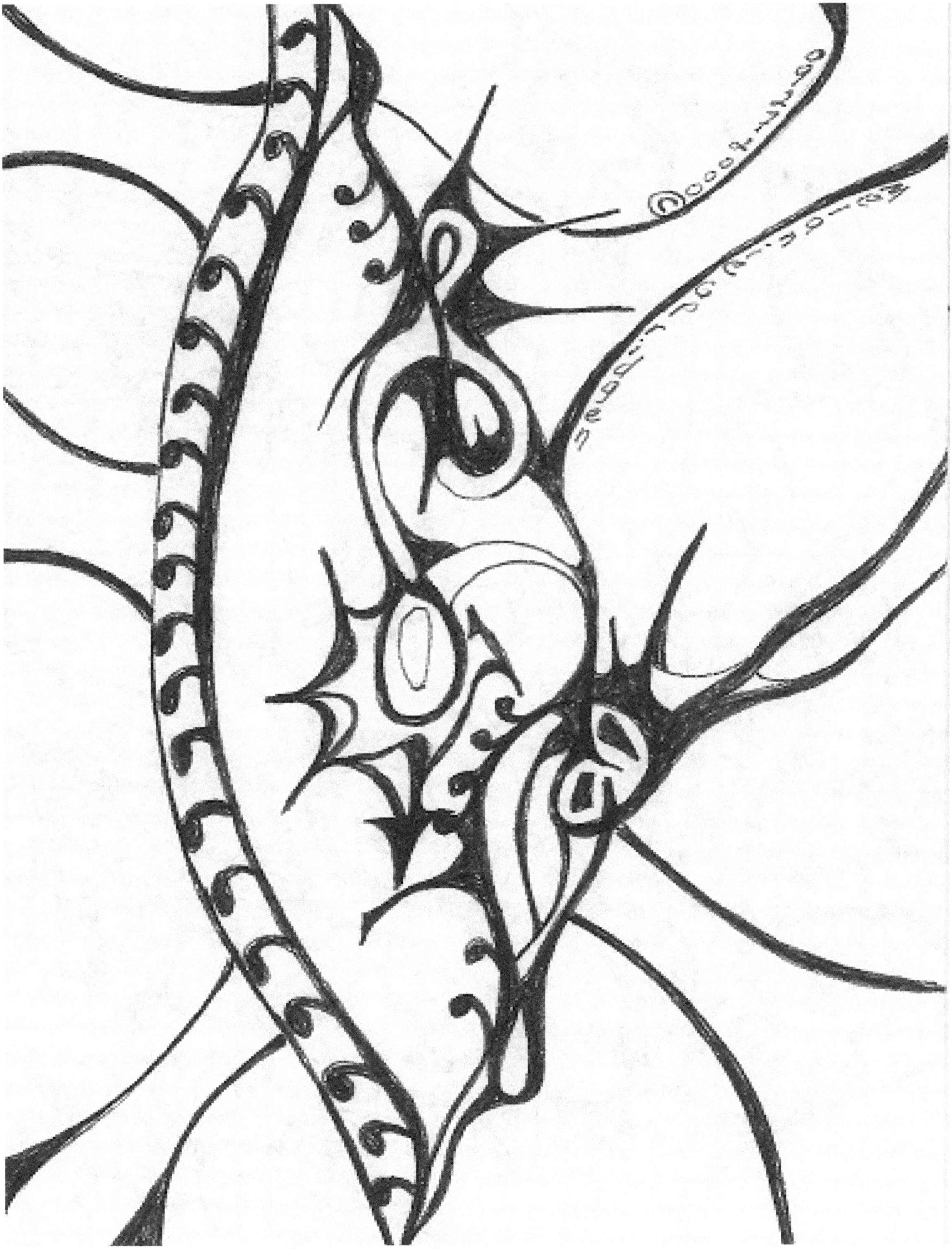

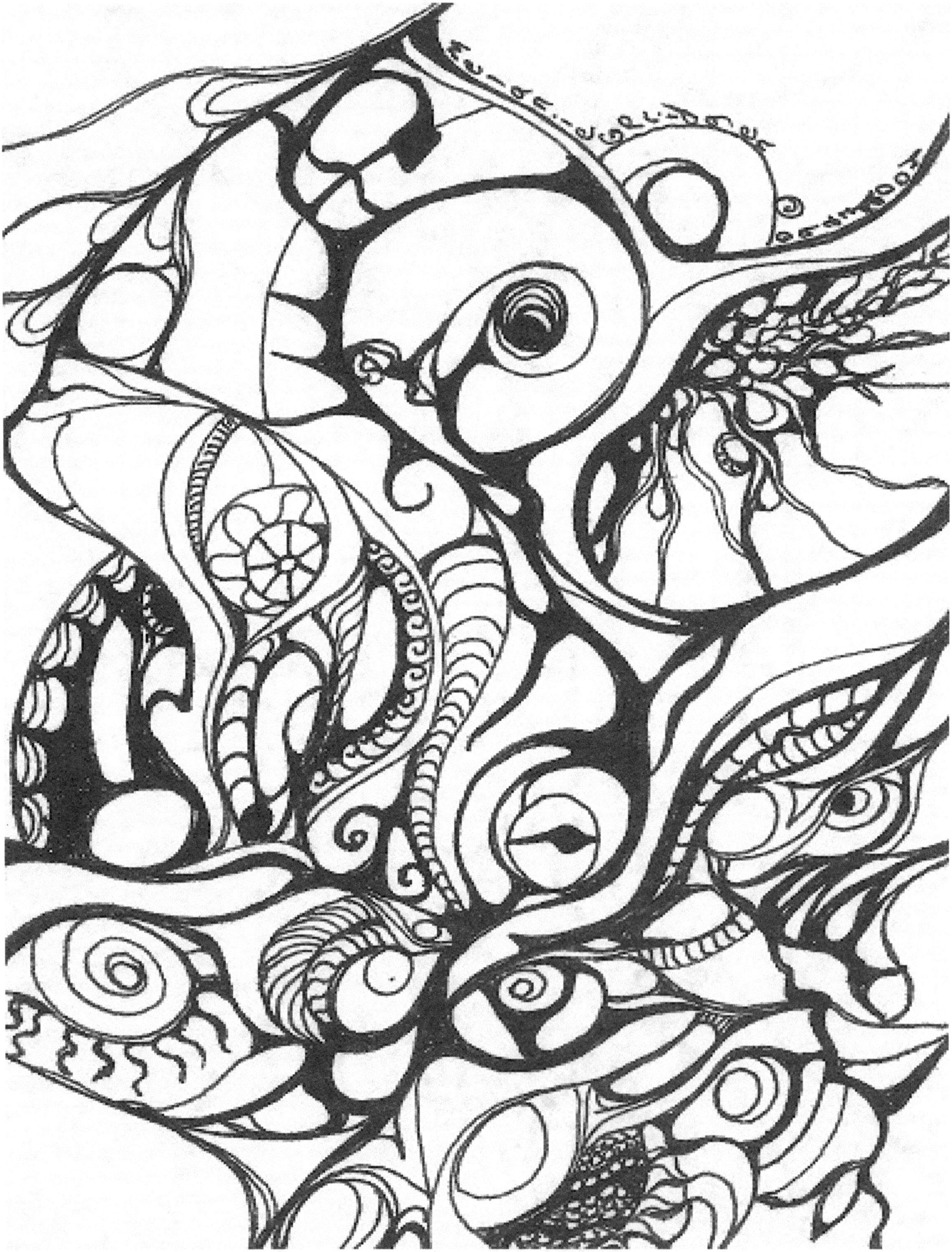

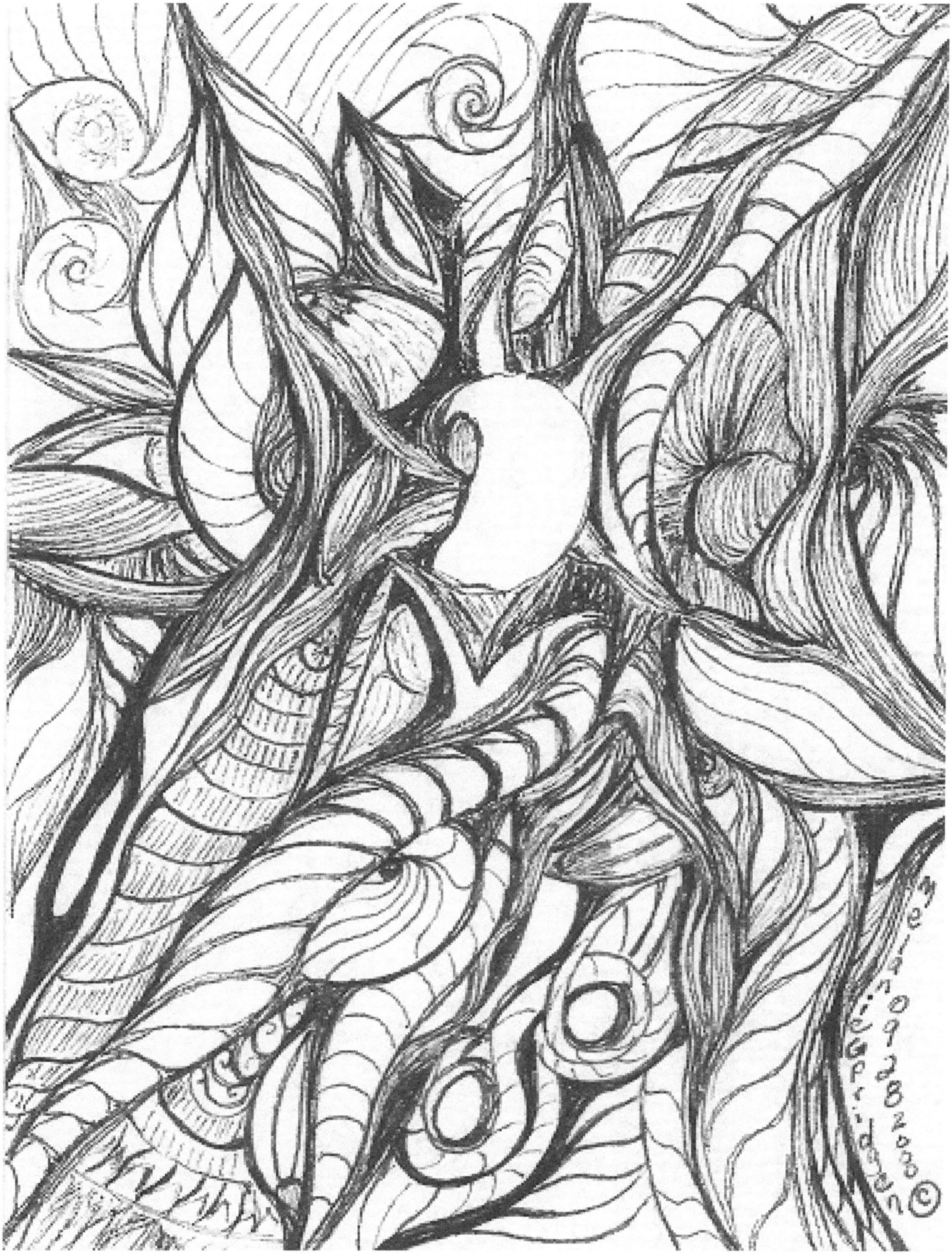

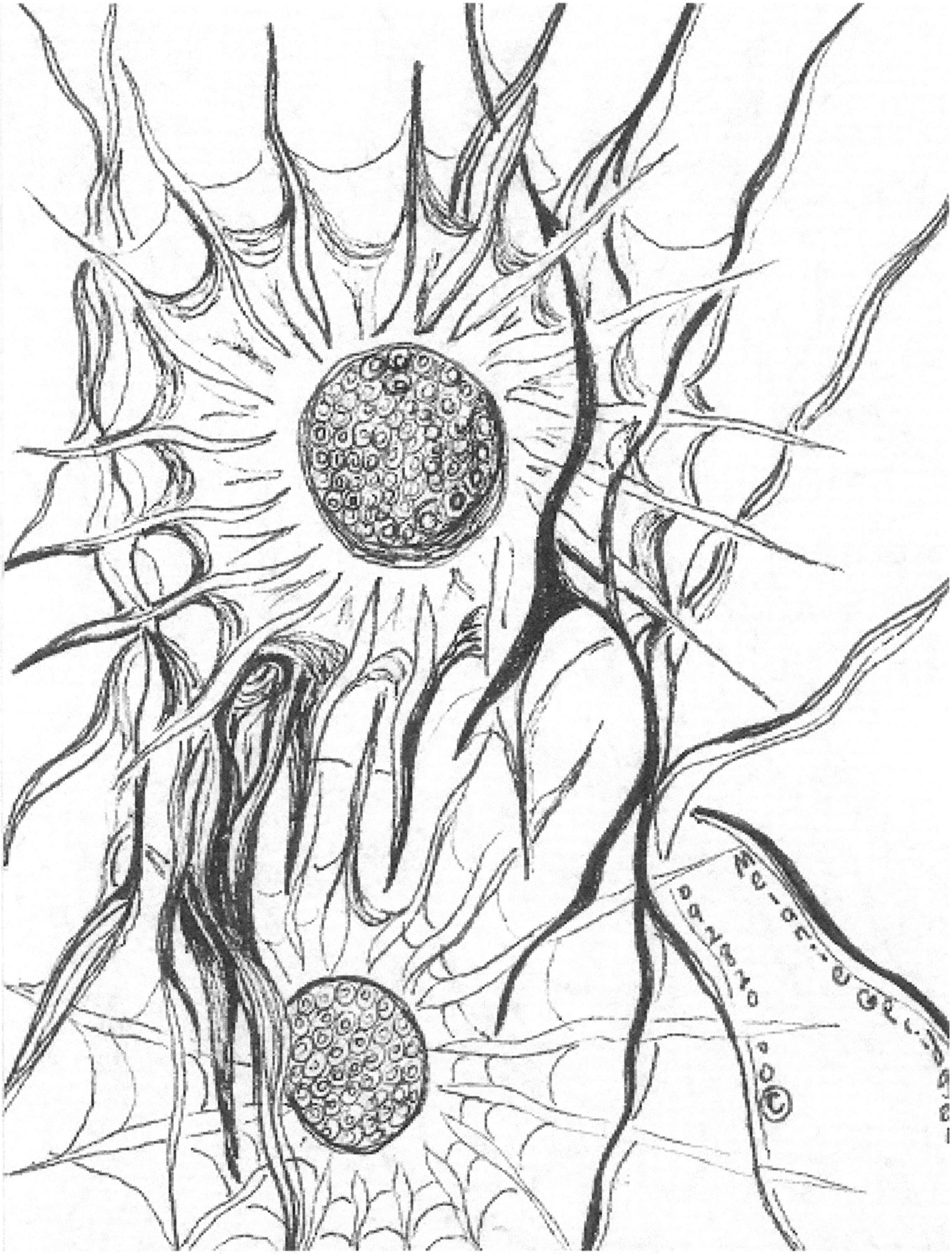

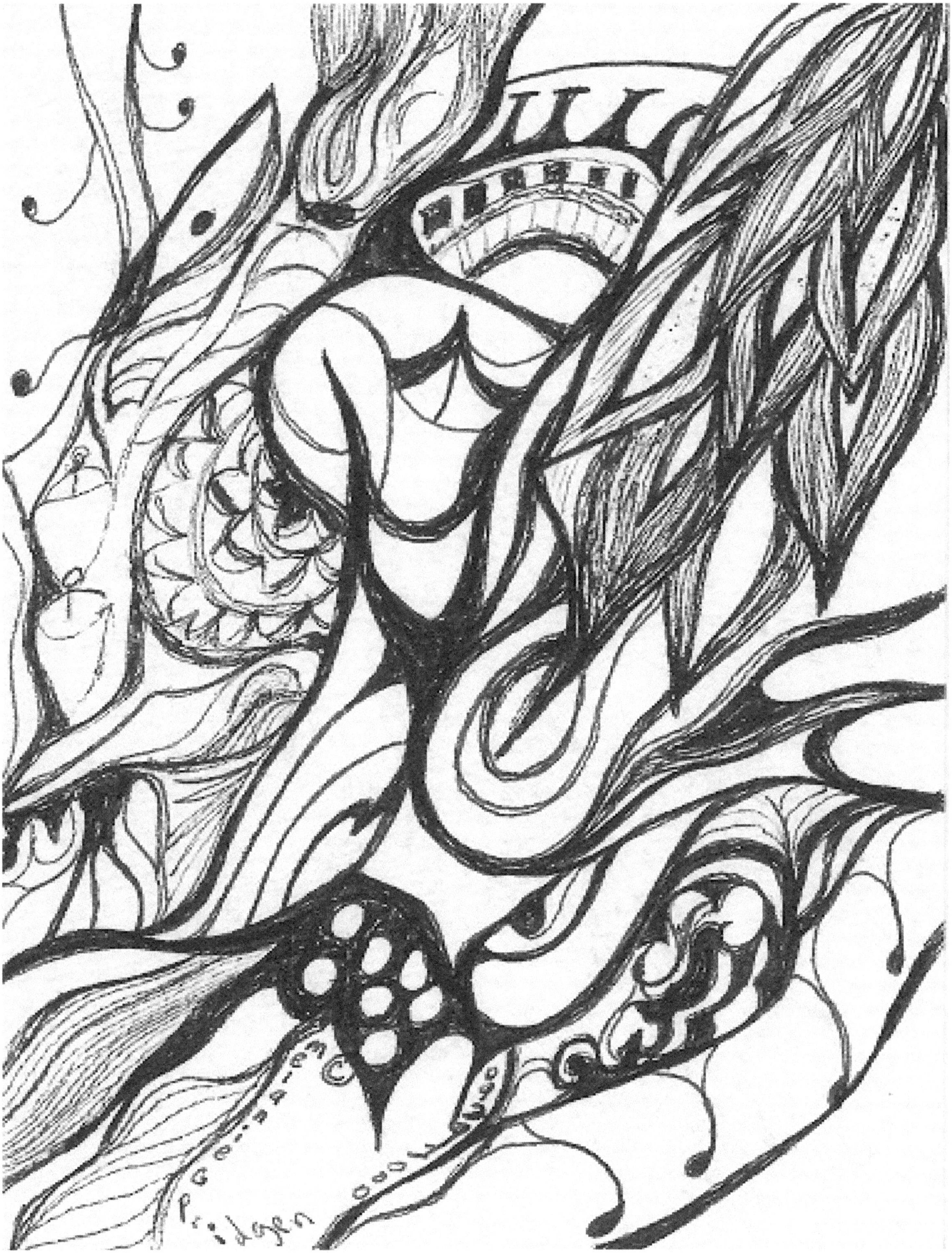

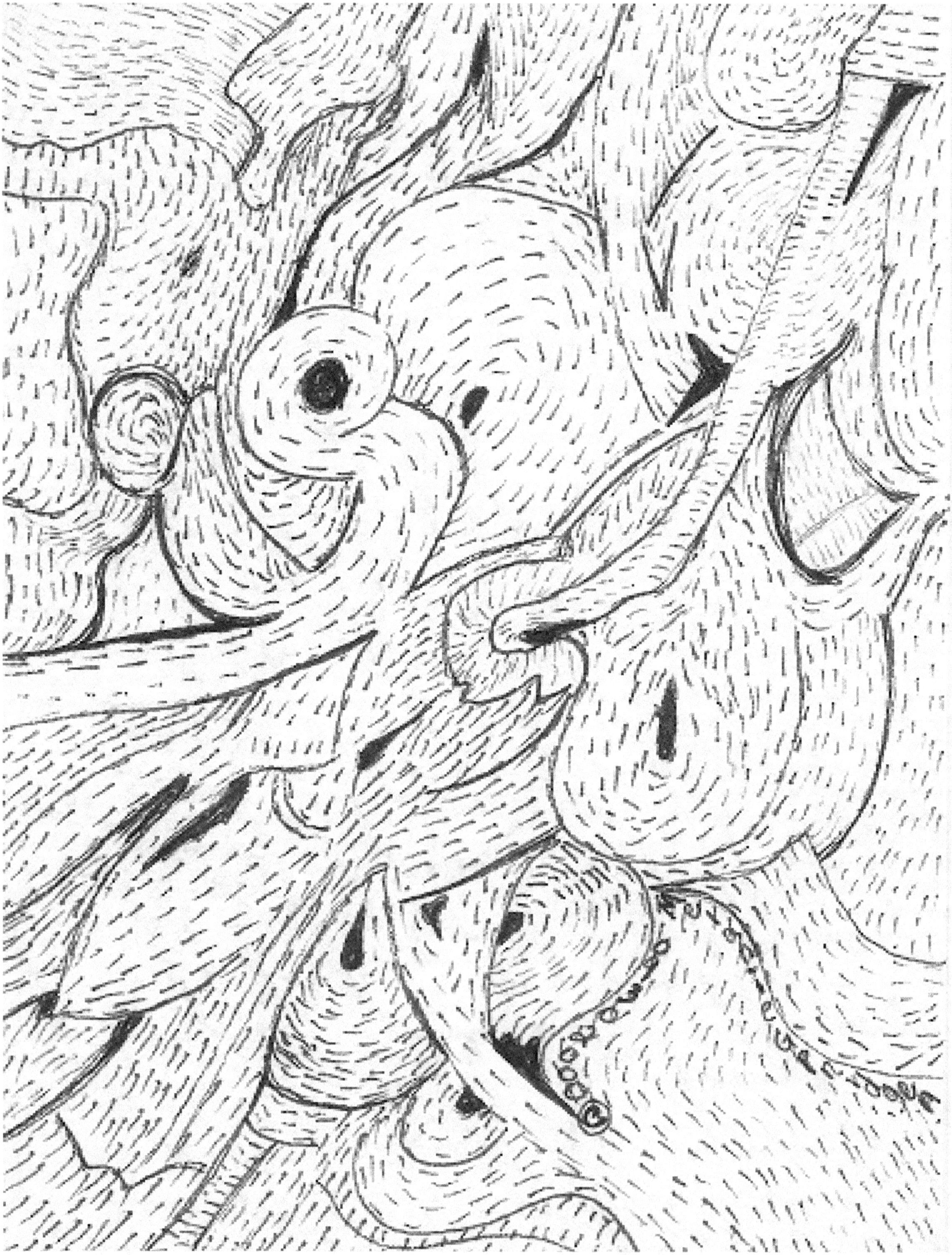

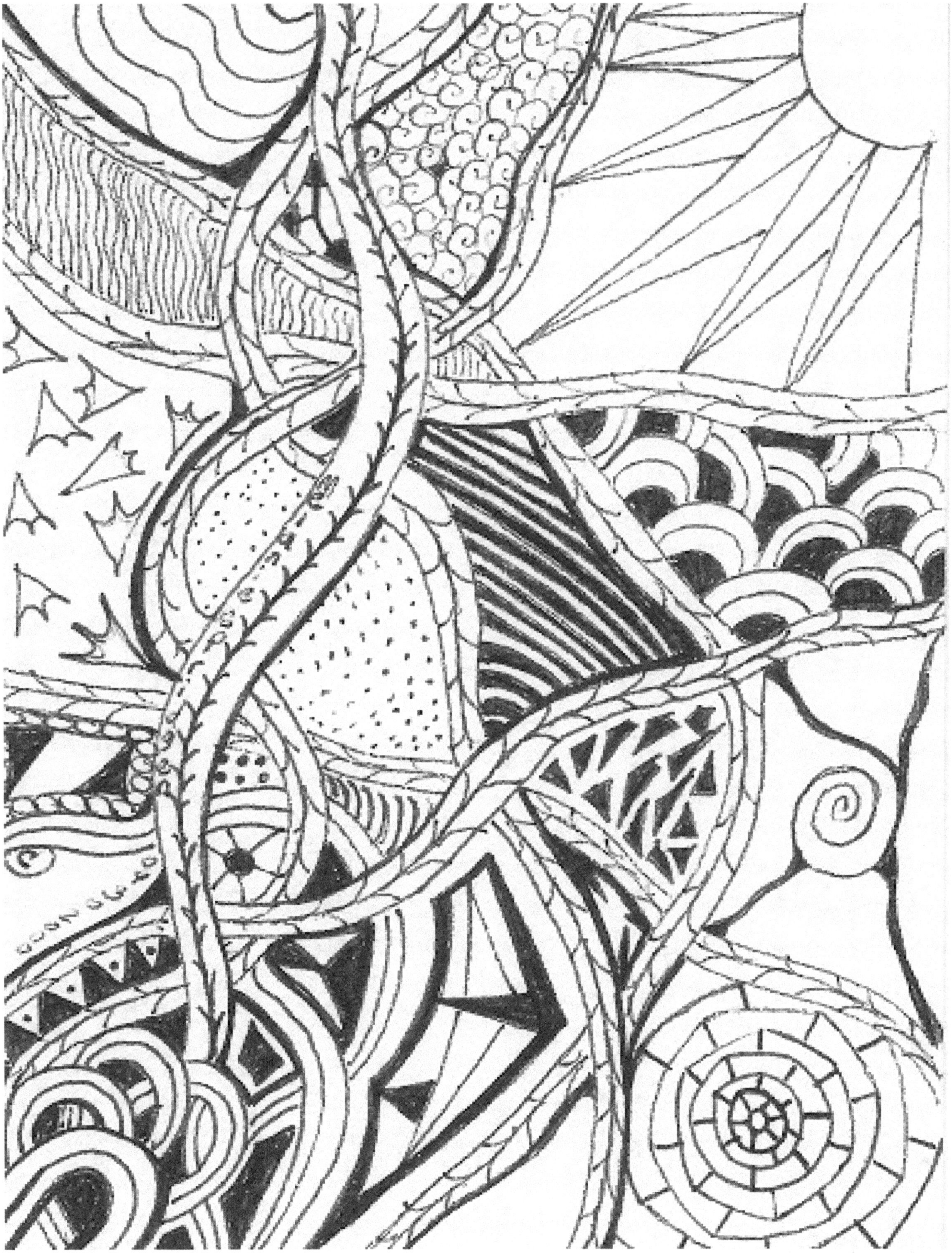

www.ingramcontent.com/pod-product-compliance
Lightning Source LLC
Chambersburg PA
CBHW080814220526
45466CB00011BB/3561

* 9 7 8 1 6 9 8 5 9 2 7 6 3 *